学校ミドルリーダー

長瀬荘一

Nagase Soichi

先生シリーズ25

図書文化

まえがき

すべての場所には、そこを支配している「空気」というのがあります。校門を入れば、その学校特有の「空気」が感じられ、会社を訪問すれば、そのオフィスに流れる「空気」が感じられます。子どもたちが生活する家庭も、それぞれ「空気」は異なり、同じ学校の教室でも、流れる「空気」は違います。

目には見えませんが、学校の職員室においても、この「空気」が大切です。

職員室では多くの先生が一緒に生活しています。そして、教科指導、生徒指導、学年・学級経営、学校行事、道徳・同和教育など、さまざまな教育活動を協同で営んでいます。

しかしながら、同じ職員室にいる先生も、年齢、担当学年、校務分掌など、置かれている状況によって、微妙に問題意識や考え方が異なります。ときには、同僚であっても、教育理念や方法について正反対の結論になり、意見や判断が衝突することもあります。

よく見られるのは、校長・教頭の学校管理職と一般の先生の間に生まれる意見や判断の相違です。

ふつう、この相違はよくないことのように言われますが、管理職とそうでない人間の意見や判断の相違は、学校であっても企業であっても、組織ならばどこにでも生まれる正常な事態です。

もともと、学校管理職と一般の先生とでは、異なった意見や判断に至りつくことがよくあるのです。なぜなら、人間は本来、その人のもつ価値観とか力量ではなく、置かれた状況に基づいて物事を考えたり判断したりするからです。

例えば、新教育課程への移行期間に、学校管理職が「本校でも総合的学習をしよう」と提案した学校がありました。

しかし、一般の先生からは、かならずしも賛成意見ばかりが出されたわけではありません。実際、「こんなに忙しいのに、まだ仕事を増やすんですか」とか「教科指導でも不十分なのに、総合的学習も入れるんですか」などと返答して、校長・教頭が思うような学校運営ができなかった学校がありました。

学校管理職は、時代による教育の流れ、全国や近隣の状況、保護者の声など、広く全体を見渡して、「総合的学習の流れは世界的な趨勢である」「子どもの現状を見ると、自分の学校でも総合的学習が必要である」「総合的学習をすることによって、教科指導の効果も期待できる」などの知見を得て、「本校でも移行期間から導入すべきだ」という結論に至ります。

しかし、一般の先生は多くの場合、こうした大局的、先進的な視点をもちにくいのが実際です。考えてみれば、このような意見や判断の違いが生じるのは、むしろ、学校運営が健全になされている証拠なのです。

逆に、注意しなければならないのは、管理職と一般の先生の意見がぴったり一致する場合です。この場合は、よほど優れた教員組織か、よほどマンネリ化した教員組織かのどちらかです。

学校運営において、責任者たる校長・教頭の管理職は、全体を見ずに一部だけをとらえて主張する無責任な声に安易に耳を傾けてはなりません。管理職はむしろ、何事においても、「賛成が三分の一、反対が三分の一、どちらでもいい人が三分の一」くらいに心得たほうがよいのです。

そして、自分の視野を広くもつために先生方から広く意見を集め、その上で、責任者たる自分が最終決断を下すという確固たる姿勢を内外に示すべきです。

この学校管理職のリーダーシップと一般の先生の意識とをうまく調和させ、学校の中によい「空気」をつくり出していくのが、「学校ミドルリーダー」の役割です。

いま、日本の学校では、このミドルリーダーの役割が、改めて期待されています。

残念なことに、昭和五十年を境に、学校の職員室から急速にミドルリーダーが姿を消しました。そのため、今日社会問題となっている学級崩壊にしても、問題が小さな早期の段階で教師間の話題や学年の課題になるのではなく、問題が肥大化し硬直化して、抜き差しならない状態になってから、いきなり「校長先生、どうしましょう」とSOSを発する事態になっているのです。学校管理職といえども、これでは打つ手は限られます。

学校で生まれる問題の多くは、ある日、突然生まれるのではなく、小さな問題が少しずつ成長して大きくなったものです。問題が小さなうちに対応し、対策を講じれば、子どもも保護者も教師も、気持ちのよい解決になることがよくあります。

学校のミドルリーダーには、学校で生まれる問題や課題について早期に相談、助言、支援をし、校長・教頭との連絡を密にしながら解決にあたる役割が期待されます。全国には多くの学校がありますが、職員室が活性化し、よい「空気」が流れている学校は、このミドルリーダーが活躍している学校です。

住民による学校選択制度が導入され、住民に対するアカウンタビリティが厳密に要求される二十一世紀の学校は、企業と同じように管理職の強力なリーダーシップが要求されます。そうでなくては、公教育を担う学校は、生きていけないのです。

その際、学校運営の成否を決める鍵になるのが、「学校ミドルリーダー」の存在です。いま、全国の学校管理職は、学校全体や市町村全体を見渡す広い教育的視野をもったミドルリーダーの登場を心待ちにしています。

二十一世紀の日本の学校は、まさに学校管理職とミドルリーダーのありようによって、生きたりも死んだりもするのです。

本書が、学校を支えるミドルリーダーの先生方や、ミドルリーダーを育てる学校管理職の先生方の一助になれば幸いです。

二〇〇一年六月

長瀬荘一

Contents

第2章　管理職が学校の管理運営に迷うとき　51

Contents

第3章　学校ミドルリーダーの出番　63

Contents

Contents

第8章　これからの学校教育の課題―学級崩壊と豊かな心への対策―　177

第1章

学校リーダーの熱い志が学校教育を変える

❶ 学校リーダー「五つの闘い」

学級経営や学年運営に没頭していた一般の教員から、教務主任、教頭など、学校をリードする立場に変わったある日、自分の回りの空気が違っていることに気づくことがあります。

それまでと同じように発言し、それまでと同じように行動していても、自分の周りの空気ないしは雰囲気が微妙に違うのです。多くの場合、それは、本人が変わったのではなく、周りの人たちの見る目が変わってきたのです。

学校リーダーは、そこから、「大人の幼児性」との闘いに突入します。

カレンダーエイジ、つまり暦の上では大人であっても、幼児性の強い人は、次の五つの傾向を示します。

1　白か黒かで物事の結論を出す

課題や問題に直面したとき、「できるか、できないか」「賛成か、反対か」「イエスか、ノーか」で結論を出そうとします。

そのため、課題や問題の事態が複雑になると、パニックに陥ります。パニックに陥ると、「そんなこと無理です。できません」「それなら、やめればいいじゃないですか」「そんな言われ方をされるなら、もう何もしません」などの言葉を発します。

しかし、考えてみれば、人間社会のことは、白か黒かではっきりと判定できないことのほうが多いのです。

例えば、新教育課程への移行期間中に総合的学習を導入することについても、教育課程の基準が十分に対応できていない状況において、学校運営上、無理をしなければならないことはだれしも承知していることです。

でも、だからといって、わが国の教育課程史上、はじめて導入される総合的学習について、試行もせずに、二〇〇二年度にいきなり本格実施することはできません。教育的に判断すれば、そのほうが、よほど無理な学校運営です。

このとき、逆に「試行期間を設けずに、二〇〇二年度からいきなり本格実施する」と言えば、移行期間中の試行に反対した人たちは、「そんなこと無理です。試行もせずに、どうして本格実施ができるんですか」と言うに違いないのです。

学校リーダーは、学校・学年運営の多くの場面で、こうした「大人の幼児性」に直面します。その際、「物事は、白か黒かで結論を出せないことのほうが多い」と自覚する必要があります。そして、それを、一般の教員に教え諭すことが仕事と心得ることが必要です。

2　責任を他に転嫁する

責任が自分に及びそうになると、幼児性の強い人は、責任を他の人やものに転嫁しようとします。

学級経営や教科経営のことでうまくいかないと、子どもや教科内容のせいにし、生徒指導のことでうまくいかないと、親や環境のせいにするのです。学年運営や学校運営のことで自分の思いどおりにならないと、学年主任や学校管理職など上司のせいにします。「子どもが悪い」「親が悪い」「上司が悪い」と言う主たる要因は、自己防衛の心理です。自分を守るために、他に責任を転嫁するのです。したがって、自分の置かれている状況が悪化してくると、「体の調子が悪い」と言い始めます。一時的な「逃避」を試みるのです。

「自己防衛」の心理が強い人に、「君のやり方が悪い」と言ったらどうなるでしょうか。答えは、簡単です。「君のやり方が悪い」と言った人を悪者にするのです。つまり、自分の言うことを聞いてくれる人はみんないい人、少しでも自分を攻撃する人はみんな悪い人になるのです。その人にとって、「自己防衛」が人生の至上命題だからです。

学校リーダーには、この大人の「自己防衛」と上手につきあう仕事が待っています。

3　事実と意見の区別ができない

企業でも学校でも、組織の中堅をあずかる人の研修会では、「ホウレン草を大切にせよ」と説かれます。この「ホウレン草」とは、どんな草なのでしょうか？

「ホウレン草」の「ホウ」は「報告」の「ホウ」、「レン」は「連絡」の「レン」、「草」は「相談」の「ソウ」です。つまり、組織の中堅は、常に「報告・連絡・相談を大切にせよ」と説いているのです。

大切なことは、「報告」「連絡」「相談」において、事実と意見とを混同しないということです。職場の上司に伝えるとき、意見を事実のように伝えると、上司は大事な判断を誤ります。反対に、事実を意見のように伝えても判断を誤ります。

組織の中堅をあずかる人に求められているのは、事実を事実として伝え、意見は意見として伝えて、上司の判断を仰ぐことなのです。

企業の場合には、この組織運営の常識が入社してすぐに教えられますが、学校の教師はこのことを学びません。学校では、自分の都合のいいように管理職に伝え、課題や問題が小さな場合には、それはそれで事がすんでしまう場合がよくあります。

学校全体の責任をあずかる学校リーダーに、こうした誤りがあると、後で取り返しのつかない事態に発展します。学校リーダーが、ふだんから、よく心がけておかねばならない管理運営の心得です。

4　原案をもたずに相談にくる

問題や課題について上司に相談にくるのはいいのですが、自分の案をもたずにやってくることがあります。「校長先生、どうしましょう」とか、「教頭先生、どうすればいいですか」などと、相談にくるのです。

このとき、学校管理職としては、「担当の君自身は、どう思うの」と聞き返したくなります。学校管理職は、多くの場合、担当者の話を聞いている途中に責任者としての判断がほぼついているのですが、担当者の意見を聞いた上で、責任者としての間違いのない判断を下します。

学校の中堅をあずかる教員には、とくに、この原案をもつ能力が問われます。これは、同時に、校長・教頭が中堅教員の力量を評価するときでもあります。学校管理職は、「教務主任として、学校全体の目で判断できるようになった。教頭候補として十分だな」とか、「教頭さんは、間違いのない判断をするようになった。もう、校長として十分だな」などの思いを抱きながら、報告、連絡、相談を受けているのです。

　自分の案をもたずに相談にやってくるのも困りものですが、反対に、自分で結論を出してしまってから相談にやってくるのも困ります。相談は、結論の伝達ではなく、結論を出すためのプロセスにすぎません。

　「自分の考えは正しい」と信じて疑わない人に、学校リーダーは任せられないのです。これもまた、教員の間によくみられる心得違いの一つです。

　本来、相談は、一人の考えより、衆知を集めるほうがよい結論を生むために行われます。また、組織における最終判断は、その責任者によって行われなければなりません。学校リーダーは、相談にあたって、このことをよく承知しておく必要があります。

5　管理職を悪者にする

　同じ職場で働きながら、評論家のような言動をする人を見ることがあります。ややすと人にレッテルを貼ったり、上司や同僚を裁いたりするのです。その口からは、「あの校長は、何にも考えていない」とか、「あんたは、教頭失格だ」などの声が聞かれます。

職員室における評論家教師は、百害あって一利なしです。本人は、校長や教頭、同僚を正当に評価しているつもりでいますが、当人に評価する能力があるのかどうか、きわめて疑わしいのが実際です。

とくに、自分の考えを正当化し、同僚に同意を求めるために、校長・教頭の学校管理職を悪者にする人に、責任ある立場を任せることなどできません。表面的には穏やかに見える学校管理職も、心の中には、一匹の鬼を飼わねばならないのです。

こうした人間のみにくい部分にも目をそむけることなく、自分の信じる方向に進むひたむきさが学校リーダーに求められます。

❷ 学校リーダーに必要な三つの視点

学校リーダーが学校を管理運営するとき、一般の教員とは異なった視点で物事を見る目が求められます。学校リーダーには、「部分ではなく全体を見る」「現象ではなく本質を見る」「現在ではなく先を見る」の三つの視点が必要だといわれます。

学校教育は、児童生徒、保護者、教師、地域の人々など、多くの人的要素によって成立しています。また、学校の教育活動は、教科指導、生徒指導、学年・学級経営、学校行事、道徳・同和教育など、多くの領域によって構成されています。

これらの方針をたてるとき、運営の方策を考えるとき、また問題が発生したときに、学校リーダーには、以上の三視点が求められるのです。

1　部分ではなく全体を見よ

多くの教員は、自分の置かれた立場によって物事を判断します。生徒指導担当は生徒指導担当の立場で、学級担任は学級担任の立場で、研究推進委員は研究推進委員の立場で物事を考えようとします。学校の教育課程を編成するときにも、生徒指導上の問題が発生したときにも、基本的にこの姿勢は変わりません。

しかしながら、学校リーダーに求められるのは、「部分ではなく全体を見る」という姿勢です。学校管理職には、「部分だけを見ていないで、かならず全体を見る」という視点が求められているのです。

わかりやすい例は、新年度に教員の学年所属、校務分掌組織を決める企画・運営委員会の場面です。新年度に教員組織を検討する企画・運営委員会は、ある段階に至って、はげしい教員の争奪戦になることがあります。学年主任は、自分の学年に戦力となる教員を欲しがり、各委員会の委員長も、戦力となる教員を欲しがります。

もっとも、これは、学年主任や委員長が、自分の責務をよく果たしたいという健全な動機から生まれています。そのため、このこと自体に眉をひそめることはないのです。

ここで、学校を管理運営する学校リーダーは、ある学年や委員会だけがうまくいっても、学校教育全体がうまくいかなければ、それはよい組織とはいえないと認識する必要があります。一部の学年や委員会だけがうまく機能しても、それが学校教育全体の機能につながらなければ、それはよい組織ではないのです。

システム論の立場で言うと、「サブシステムの最適化は、かならずしも全システムの最適化をもたらさない」ということになります。学校リーダーは、学校という全システムが機能するために、サブシステムの一部だけに目をやってはならないのです。

学校リーダーには、サブシステムの責任者である学年主任や委員長に、自分が所属する領域だけで物事を見るのではなく、学校教育全体のトータルシステムで物事を判断することの大切さを教える必要があるのです。

2　現象ではなく本質を見よ

学校を管理運営していると、日々、いろいろな出来事に遭遇します。児童生徒のケガや事故、施設・設備の破損、保護者からの苦情など、学校リーダーの行動日誌は、あっという間にノートいっぱいになります。

ここで学校リーダーが忘れてならないのが、「現象ではなく本質を見る」ということです。厳密に言えば、「現象の観察を通して、その本質を見抜け」ということになります。

かつて勤務した生徒指導の困難校では、毎日のように、生徒指導上の問題が起こっていました。放課後は、何もないことのほうがめずらしいくらいでした。怠学、暴力、喫煙など、荒れた中学校ではどこにでもある問題行動が、日常的に発生していました。

この場合、一般の教員は、生徒指導の原則である「即時性」「共通性」「継続性」の三原則に基づいて対応します。

同時に、ここで学校リーダーは、その現象を生んでいる本質は何かについて考える必要があります。

勤務していた中学校の場合には、昭和五十年代に校内暴力が吹き荒れた国内的な状況が遠因になっていたと思われます。また、学校の地域性ということがあったのかもしれません。

しかしながら、学校の生徒が荒れた最大の原因は、ほかならぬ指導する側の教員の荒れでした。学校教育の方向に対する教員の共通理解が十分でなく、教育の足並みはそろっていませんでした。朝から、教員間で怒号の飛び交った日もありました。三年計画で、学校再建を果たしたとき、多くの教員が、そのことを身をもって実感したのでした。

学校で課題や問題が発生したとき、学校リーダーは、その現象に一喜一憂してはなりません。そのときこそ、現象を通して、課題や問題の本質がどこにあるのかを嗅ぎ分ける臭覚、つまり教育センスが求められるのです。

もっとも、このセンスは、一朝一夕に養われるものではありません。若いころから生徒指導ばかりでなく、教科指導や特別活動の指導など、多くのことをまじめに体験し、それを自分なりに結晶させてきた人のみが身につけることのできる学校リーダーの資質なのです。

3　現在ではなく先を見よ

学校リーダーは、「現在ではなく先を見よ」と言われます。

もちろん、現在を見ないで先ばかり見る人は、夢ばかり追う人間ですから、現実の学校教育に対応できるはずもありません。これを厳密に言えば、「現在だけを見ないで、その先、どう発展するかを見通せ」ということです。

国立大学附属学校に一般の教員として勤務しているとき、公開研究会の日取りをいつにするかが大きな学校課題になったことがありました。

文部省や都道府県、市町村教育委員会の指定研究など、以前に比べて、多くの公立学校が教育研究を主催し、公開研究会をするようになりました。そのため、公立学校の教員は、児童生徒に自習をさせてまで遠くの附属学校の研究会に参加する必然性も余裕もなくなり、結果的に参加者が激減したのです。

国立大学附属学校の教員の中には、このことに対する問題意識が低く、「研究テーマと内容さえよければ、参加者は自然に集まる」などと悠長なことを言う人がいましたが、研究推進委員と学校管理職の問題意識は違っていました。国立大学の附属学校は、その設立趣旨からして、地域や全国の公立学校に対して果たす役割をとりわけ重視しなければならなかったのです。

結果、暑い盛りの夏季休業中の7月末に開催したのですが、前年度の倍以上にのぼる多くの参加者を得ることができました。

もちろん、その運営には、多くの困難がありました。冷房設備もない状況では生徒が学習に集中しづらい、学期末の成績処理や個別懇談で教師が忙しい、飲食物の衛生管理が難しいなど、内部的な運営課題はたくさんありました。

しかし、多くの困難を乗り越えて、公開研究会をやり終えたとき、参加した教師から、こうした困難の中での教員の取組みや生徒の学ぶ姿にこそ、これからの学校教育の指針があると支持されました。学校としての社会的使命が認められ、教員の努力が報われた瞬間でした。

言うまでもなく、学校は、在籍する児童生徒や教員の現在を願って運営されます。しかし同時に、学校は、その将来をも願って運営されなければならないのです。

とりわけ、管理運営のかじをとる学校リーダーには、現在ばかりを見ないで将来を見る確かな目が要求されるのです。

❸ 先人に学ぶ学校リーダーの資質

1　仕事を楽しめる人

サッチャー元英国首相は、現代的リーダーの典型だと言われます。政治的経済的に重大な危機にあった英国を救ったのですから、その評価は当然でしょうが、女史は、どんな場合でも、仕事を楽しむ姿勢を崩さなかったと言われます。

古来より、「これを知る者はこれを好む者にしかず、これを好む者はこれを楽しむ者にしかず」と言われます。何事も、楽しんでやることが、うまくやるための秘訣です。学校リーダーが行う学校の管理運営も、かくありたいものです。

また、サッチャー女史は、政策の立案と実行にあたって、首相の仕事は自分で正しいと思う政策を決断し、それが国民のコンセンサスになるようにリードすることと心得ていたそうです。国民のコンセンサスがどこにあるかを思い巡らし、それに合わせて行政を行う考え方を採用しなかったのです。

伝統ある一国を復活させた女性宰相だけに、学ぶところの多いリーダーの姿勢ですが、ここで学校リーダーは、「有能有敵、無能無敵」という格言を肝に命じる必要があります。

この格言は、有能な人が有能なように行政を行うと、それを妨げようとする敵や困難もまた多く生まれることを教えています。無能なリーダーは、何もしませんから、敵もできません。この場合、組織に波風は立ちませんが、組織は下落の一途をたどります。

有能な学校リーダーには、先の見通しをもとうとしない無責任な敵を処する知恵と強さが求められるのです。

2　大事に、線の引ける人

人の世のことは、黒か白かで断定できることは少なく、その中間つまりグレイゾーンで対応することのほうが多いものです。しかし、組織を運営するときには、自分なりに判断や選択をして、次の一歩を踏み出さねばならないときがあります。この組織としての判断や選択のできる人が、線の引ける人です。

物事に線を引くとき、その人の知識や経験、価値観などが統合され、一つの判断となって内外に示されます。この場合、合理的で間違いのない線を引ける人が、責任者として判断力の優れたリーダーです。

リーダーにとって厳しいのは、判断のプロセスより、判断した結果責任が問われることです。ここが、学校や企業など、どんな組織においても、リーダーが最も頭を悩ませるところです。

世の中には、リーダーが引いた線に、あれこれと物知り顔で批評する人がいます。しかし、それは、ほとんど何の役にも立ちません。もともと、人が引いた線に注文をつけるのは簡単なことなのです。組織や社会に貢献する真の学校リーダーは、必要なときに、自分の手で線が引ける人です。

ここで留意すべきことは、大事な線を引くときには、多くの知恵を集めてから引けということです。この教えは、遠く飛鳥時代にさかのぼる聖徳太子「十七条の憲法」にも挙げられています。そこでは、「大事の決定は、独断でせずに、多くの知恵を集めて行う」ことを教えています。

学校リーダーには、衆知を集めた上で決断を下す大胆さもまた必要なのです。

3　安定した判断ができる人

学校リーダーに求められるのは、ときどき大向こうを唸らせる判断をするより、どんな場合にも安定した結論が出せる、判断の安定性です。

何事においても、軸がぶれれば、周辺はその何十倍ものぶれになります。扇の要が少しゆるめば、全体が大きくぐらつくのです。この意味で、学校の軸や要となる学校リーダーは、判断や行動が大きくぶれてはなりません。

近年、学校改革ということが強調されますが、これは、これまでの学校教育をすべて否定し、まったく新しいものをつくることを意味しているのではありません。

そこでは、新しい考えを導入し、それまでの考え方を整理し再構築して、新しい仕組みをつくるよう提案されているのです。世間でよく言われるリストラも、本来、人員の削減を意味するのではなく、リストラクチャリング、すなわち組織の再構築のことを言います。

教育の世界では、昔から、「温故知新」という考え方が大切にされます。これは、古きを温めて、新しきを知るという意味です。古いことをすべて捨ててしまって、新しいことを導入する短絡的な教育思想は、一時の「思いつき教育論」であって、後世に引き継がれるものではありません。

人を育てる教育においては、レボリューションよりエボリューション、つまり、革命よりも改善を大切にしなければならないのです。

次の世代を担う児童生徒をあずかる学校リーダーは、一部のセンセイショナルな流言に踊ってはならないのです。

4　世論形成のできる人

学校リーダーは、言葉を正しく適切に使える人でなくてはなりません。言葉を正しく適切に使える人は、とりもなおさず、人を教え諭すことのできる人です。古来より、優れたリーダーは、わかりやすい言葉で、高い理想を説いてきました。

ここでは、「わかりやすい言葉で」ということが大切になります。難しい言葉で高い理想を説いていたのでは、メンバーはついていかないのです。つまり、学校リーダーには、「思いは高く、言葉は低く」の精神で、言葉を正しく適切に使える能力が求められます。

現代的リーダーは、自分で正しいと思う政策を決断し、それが人々のコンセンサスになるように言葉と態度によってリードできる人です。そのために、学校リーダーには、優れた言語能力が求められているのです。

5　引き分けのケンカができる人

大袈裟に聞こえるかもしれませんが、学校リーダーの仕事は、命をはった真剣勝負です。したがって、ときには、したくもないケンカをしなければなりません。相手は、組織内の人間の場合もありますし、組織外の人間の場合もあります。

学校リーダーがするケンカの極意は、「分けるが勝ち」です。学校リーダーがするケンカは、「分け」すなわち「引き分け」が最もよい終わり方なのです。決して、相手にギャフンと言わせてはなりません。

甲斐の武田信玄は、「五分の勝ちをもって最良となす。七分の勝ちをもって中となす。十分の勝ちをもって下となす」と心得たといわれています。とくに、ケンカの相手が組織内の人間の場合には、このことが大切です。

かく言う私も、学校管理職のはじめのころ、これで、いくつかの失敗をしたのですが、負けた相手はそのことを逆恨みします。これは、組織の運営にとって、大きな痛手です。しかし、だからといって、学校リーダーの腰が引けてはなりません。組織の最終的な責任を負うのは自分なのです。責任者として、けじめをつけるところは、明確にけじめをつけねばなりません。

学校リーダーは、負けるケンカをしてはなりませんが、ケンカをするならば、「分けるが勝ち」を原則にして人事管理を克服する必要があります。

6　肝心なときに叱れる人

組織のリーダーは、必要なときに組織のメンバーを叱ることのできる人でなくてはなりません。

もちろん、「叱ること」と「怒ること」は違います。「怒る」とは、そのときの感情を爆発させること、「叱る」とは、厳しく言って聞かせることです。相手に対する心のありようが、まったく異なるのです。

一言で言うならば、「叱る人にリーダーの資格あり。怒る人にリーダーの資格なし」です。そして、叱るときには、信念と信頼関係が必要です。

相手が大人であっても子どもであっても、叱るということは、相当なエネルギーを必要とします。本気で叱れる学校リーダーは、むしろ、組織や社会にとって貴重な財産です。

もっとも、学校リーダーといえども、なりたてのころと経験を積んだころとでは、その器量において大きな差があります。組織のメンバーは、そのことを頓着しませんから、学校リーダーとしては辛いときがあります。

しかし、学校リーダーが、組織だけではなく、組織の中の人間を育てることを意識したとき、リーダーとしての指示、命令、叱り方が本質的に変わってきます。学校リーダーが、信頼されつつメンバーを叱れるかどうかの分岐点が、そこにあります。

7　人の話が聞ける人

学校リーダーが組織を構成する人とうまくコミュニケーションを図るためには、「聞く耳をもつこと」「正しく聞き取ること」「聞いて行動できること」の三点が必要になります。

優れた学校リーダーは、言うべきときを知っていますが、同時に、黙るべきときを知っています。学校リーダーは、自分の言葉で人に説いて聞かせる人でなくてはなりませんが、それ以上に、相手の言うことによく耳を傾ける人でなくてはならないのです。

相手の言うことに耳を傾け、言いたいことを確かめて、そして判断を下す。それが組織のリーダーのあるべき姿です。組織のリーダーが、メンバーの言うことに耳を傾けないならば、それは正しい判断になりません。

一方、メンバーの側は、組織としての判断を下すのは組織の責任者たるリーダーなのですから、自分の意見が通らないことを不服に思ってはならないのです。実際の学校現場では、しばしば、この混同が見られます。企業や一般社会では常識なのですが、学校の教員が組織の一員として生きるとき、学ばなければならない修養事項の一つです。

❹ 学校リーダーの仕事の仕方

優れた学校リーダーの仕事ぶりを見ていますと、リーダーの仕事の仕方には、うまいやり方があるように見受けられます。すべての学校リーダーは、その要領を身につける必要があります。

1　人生は、辛さや困難を正面から受け止めるかどうかで決まる

日本を代表する経営者といわれる松下幸之助氏は、「命をかけてやり続ける。その度胸のあるなしが、成功・不成功を決める」と言い切っています。この言葉は、資質とか能力とかに優先して、仕事に対する当人の姿勢ないしは構えが、仕事の成否を決定することを教えています。

私は、約三十年の間、小・中学校、高等学校、大学の学校現場で多くの教員を見てきましたが、それぞれが歩んだ道はさまざまです。

若いころはそうでもなかったが四十歳くらいから輝いてきた人、若いころは熱心な指導をしていたが教師生活半ばから伸び悩んだ人、若いころからずっと優秀で引き続き立派な管理職になっている人、公私混同して途中で職を離れた人など、多くの人間模様を目にしてきました。

教師生活の駆け出しからか途中からかはともかく、学校を管理運営する優れた学校リーダーになっている人たちは、おしなべて、辛いことと困難なことを正面から受け止めて

きた人たちです。仕事上の辛いことや困難なことから逃げようとする人に、児童生徒の尊い命や公共の財産は任せられないのです。

ここで、学校リーダーが越えなければならない三つの坂があります。それは、「孤独」「決断」「責任」の三坂です。人々は、組織の管理者につきまとう「孤独」「決断」「責任」の三坂に耐えうる人に、学校リーダーの重職を委ねるのです。

学校リーダーは、自分の職務に専心するならば、怖れるものは何もありません。唯一あるとすれば、内なる自分の心です。「専心無畏」、これは、学校リーダーのためにある組織運営の格言なのです。

2　まず、熱き願いをもて

学校リーダーが仕事にとりかかるとき、「熱き願いをもつ」ことが、すべての始まりです。総合的学習を始めるならば総合的学習、小学校英会話を始めるならば小学校英会話への熱き願いをもつのです。

なぜなら、人の強い意思や夢は、人を動かす力をもっているからです。学校リーダーは、学校運営のすべてにわたって、このことを忘れてはなりません。「たたけよ、さらば開かれん。求めよ、さらば与えられん」という表現がありますが、学校リーダーには、「願えよ、さらば開かれん」の精神が必要なのです。

学校リーダーの仕事が実際に始まりますと、その多くは、一筋縄ではいかないことに気づきます。その最も大きな要因は、学校リーダーの仕事の多くが、自分一人が動いてどうなるものではないからです。

学校リーダーの仕事の多くは、人の力を借りたり、人を動かしたりして、はじめてできる仕事なのです。

このとき、学校リーダーには、「損して得とれ」の精神と「急がば回れ」の精神が必要になります。そして、「断られたときが、仕事の始まり」と思うことが必要になります。

学校リーダーには、はじめから簡単に進む仕事など回ってこないのです。学校リーダーは、断られたら、自分の熱意が試されていると思えばいいのです。学校リーダーの仕事は、むしろ、そこから始まります。

3　議論は、まず「イエス」から始めよ

学校リーダーには、否応なく、人と議論をする、人を説得するという仕事が待っています。学校運営では、往々にして、できれば波風を立てずに穏便に事を運びたいと思うものですが、そこが、真の学校リーダーたりうるか、たりえないかの分岐点です。

最も悪いリーダーは、議論を避けるリーダーです。これでは、組織は一部のメンバーの意のままになってしまいます。次に悪いのは、自分では納得していないのに、メンバーの言う結論に従ってしまうリーダーです。これでは、自分の職責は果たせませんし、自分の心も晴れません。

三番目に悪いリーダーは、相手にものを言わせず、自分の思うことだけを言い放つリーダーです。この場合の問題点は、組織のメンバーの心が晴れないということです。これでは、組織は活性化しないのです。

優れた学校リーダーは、相手に言いたいことを十分言わせ、その上で、質問形式によって相手の主張の問題点を明らかにします。そして最後に、否定語ではなく、肯定語に

よって、自分が言いたい結論を伝えます。それが、学校リーダーとしての最終結論です。

ときには、メンバーがその結論を理解できないこともありますが、その段階に至っては、必要以上の気を遣わないことです。職務に関する理解の多くは、言葉のやりとりでどうなるものではなく、実際、その立場に立ち、やってみて、はじめてわかることが多いからです。

4　不安なことほど、堂々と始めよ

乗馬のコツは怖がらないこと、羊毛を刈るコツは怯えないこと、看護婦さんが注射するコツは堂々と針を刺すことだと言われます。

学校リーダーが、内なる不安をそのまま出すと、教員も児童生徒も、その何倍も不安になってしまいます。よく、人間は中身が肝心で、見かけなどどうでもいいなどと言う人がいますが、とんでもないことです。

どんな組織でも、リーダーは見かけ、見栄えということを重視する必要があるのです。

映画監督の羽仁進さんが書かれた本に『ネコもキリンも見栄をはる』という一冊があ

ります。そこでは、アフリカでの野生動物の観察から、動物の世界でも見栄をはることが述べられています。書物には、「飛びそこねて、川に落ちたチーター。知らぬ顔で向こう岸に行き、木陰で周りを見てから、あわてて水を体から振り落とした」とあります。

大人は子どもに対して、いとも簡単に「見栄をはるな」と言いますが、人間は、本来見栄をはる動物なのです。大切なことは、見栄には、「良い見栄」と「悪い見栄」とがあるということです。学校リーダーは、組織や人を活性化させる「良い見栄」をはる必要があるのです。

学校リーダーにいま一つ必要なのは、「尊敬する人の考え方のまねをする」ということです。「考え方のまねをする」とは、その人ならばこの状況ではどんな結論や判断を導くだろうかと予測するということです。そこで予測した結果を当面の結論とするのです。いつも横に相談相手がいるわけではない学校リーダーには、この知恵が求められます。

その場合、尊敬する人は、書物で読んだ人とか講演を聞いたことのある人では不十分です。考え方のものまねをする人物は、自分が職場などで一緒に過ごしたことのある、身近な先輩がいいのです。学校リーダーが課題や困難にぶつかったとき、その人ならどんな判断を下したのだろう、どんな采配をふったのだろうと予想するのがいいのです。

多くの場合、その場面は、何の前触れもなく突然やってきます。学校リーダーは、普段から、「尊敬する人の考え方のまねをする」習慣をつけておくことが大切です。

5　人脈こそ、指導者に必要な力

学校リーダーに求められる資質の一つに、「人脈力」があります。学校リーダーは、多くの知り合いをもっておく必要があるのです。

いかなる組織のリーダーも、人の知恵を借りたり支援を求めたりすることなしに、山積する組織の課題や問題を処理することはできません。どの世界にも、傑出した人というのはいるものですが、そんな人でも、一人の人間の能力には限界があります。

これまでの学校リーダーも、それまで務めてきた先輩や他の学校リーダーに尋ねたり教わったりしながら、管理運営をしてきたのです。

自分一人の判断で間違いないと信じ込んだり、先輩などの体験談に耳を貸さない独善的な人は、大きな過ちを犯します。周囲は、そんな人に学校を任せたりはしません。

豊富なよい人脈は学校リーダーを助けてくれますが、その人脈をつくっていくのは、当人の仕事ぶりと人間性です。将来、学校リーダーになる器量をもっている人は、互いにその資質を見抜き合い、学び合い教え合って仕事をします。

よい人脈をつくる秘訣は、「つきあうなら、忙しい人とつきあう」ことだといわれます。これは、単純ですが、当を得た表現です。私の場合にも、これまでの知り合った人の中で、よい人脈といえる人たちは、例外なく忙しい人たちです。

この教えは、同時に、「自らも忙しい人であれ」という自己に対する戒めの教えでもあります。自ら仕事を求めず、暇をもて遊ぶ人に、社会の一角を形成する人たちは集まってはこないのです。これは、企業リーダーにも、学校リーダーにも、同じように求められる組織のリーダーの心得です。

第2章

管理職が学校の管理運営に迷うとき

❶ 単層構造化論の責任はだれがとるのか？

学校管理職は、全体を見ずに一部をとらえて主張する「無責任な声」に心惑わしてはなりません。

国立大学附属学校の副校長を務めていたとき、学校の管理運営で常に忘れなかったのが、二十代で耳にした職場の「単層構造化論」でした。公立学校に勤務して三年目、突然職場で教員組織の単層構造化が議論になりました。学年主任を学年係と呼び、生徒指導主任を生徒指導係と呼んで、組織上の上下をなくそうというあの「単層構造化論」です。

不思議なことに、中・高校生でもわかりそうな破天荒な組織論を、多くの教師が支持しました。それを啓発している組織でさえ単層構造ではないのに、子どもの教育と生命をあずかる学校にどうしてできるのか、疑問よりも不信を抱きました。

案の定、その後すぐに、校内暴力の嵐が全国の中学校に吹き荒れました。阪神間とて例外ではありませんでした。教員が組織体としての意思統一をせず、教師の思い思いの判断で生徒指導をしてきたツケが回ったのでした。

そんな中で、苦闘しながら学校再建を果たしたのは、校長を頂点とする教員集団が組織立って教科経営、学級指導、生徒指導にあたった学校でした。一校の例外もなく、そこでは校長が学校方針を打ち出し、その具現化のために、生徒指導主任は生徒指導主任として、学年主任は学年主任として、学級担任は学級担任としての役割を果たしました。

一方、校務分掌上でだれが責任者なのかを曖昧にし、だれが最終判断をするのかを明確にしなかった学校では、混迷はますます深まっていきました。最終的には、教育委員会が大幅な人事異動を断行することから学校改革を始めなければなりませんでした。

❷ 学校からミドルリーダーが消えた！

現在、小学校では学級崩壊が全国的な問題になっています。これも、いまだにベテラン教員の間に根強く残っている教員組織の単層構造化の思想と無関係ではありません。

職場の単層構造化が唱えられて以来、学校では教員相互の教え教えられる関係や誉めたり叱ったりする関係、そして何より、学校組織を支えるミドルリーダーが急速に姿を消しました。

そして、職場の同僚の間で教育課題や問題点を指摘したり、教科経営や学級経営の技術や知恵をベテラン教師が教えたり相談にのったりすることが否定され、みんなで物わかりのいい教師になってしまいました。

学級崩壊の場合にも、保護者が校長直訴に至るまでの間に、みんなで何とか解決しようと学年全体で対策を練ったり、みんなで応援して必死で食い止めたりしようとする教育風土にはなりませんでした。

現在の学級崩壊では、抜き差しならぬ状況に追い込まれてから、いきなり「校長先生、どうしましょう」となってしまっています。これでは、いかなる管理職も手の打ちようがありません。

日ごろから授業を参観して児童生徒の変化に気を配ったり、教員の指導にあたったりしない管理職にも責任がありますが、それ以上に、無責任にこうした教育風土を推進した当事者の非が問われるべきです。

❸ 多くのことは、「本立而道生（もとたちて、みちしょうず）」

人間は生きていくとき、かならず迷う場面に出くわします。大きな迷い、小さな迷いが、波のようにやってきます。

今日のように、日常的に学校事故が起こり、新しく大きな教育課題が次々と突きつけられる学校管理職にとっては、一般の教員に比べて、何倍もの迷いの場面が生まれます。多くの場合、学校が判断を下すまでに、時間的猶予はさしてありません。学校管理職の仕事には、即判断し、即行動する機動性が求められるのです。

そんなとき、学校運営の迷いの道を切り開いてくれるのが、「本立而道生（もとたちて、みちしょうず」）という教えです。これは論語の教えですが、「根本がしっかりしていると道は開ける」「もとをたどれば、道は自然に開けてくる」という意味です。

人生において、「迷い」は新しい道の発見の一里塚にすぎません。また、本気で迷えば、かならず出口が見つかるものです。「悩みは人生の宿題」とも言われます。

多かれ少なかれ、すべての人が、組織における孤独感を味わうことになる学校管理職は、こうした学校運営の課題や問題を打開するための道標を自分の中にもっておくことが必要です。

この課題や問題を打開する道標は、先人の話に謙虚に耳を傾け、書を紐解くことによって見つけることができます。優れた先人も、自分一人の思いつきではなく、そのまた先人から学んできたのです。

❹「当たり前のこと」に、教育の本質がある

学校の保護者会で、同僚の先生が、「お母さんが子どもに玄関の履物をそろえさせる

家庭教育の話」をなさったことがあります。私は、それを受けて、教育とは難しいことや目新しいことをすることではなく、当たり前のことを当たり前のようにすることではないかと話しました。

家に帰ったら、「ただいま」と言う。家にいる人は、「おかえりなさい」と言う。朝起きたら、「おはよう」と言う。夜寝るときは、「おやすみ」と言う。こんな当たり前のことが、いまの社会では、案外できていないのです。家庭でも、学校でも、地域社会でも、できていません。

それどころか、国家百年の大計といわれる「教育」を専門にする国立大学・学部においてさえ、学生も教員も、廊下で出会って挨拶一つできません。これで、本当に、人を導くありようが考えられるのでしょうか。

当たり前のこと、というのは、考えようによっては難しいのですが、難しく考えすぎることもまたありません。

親の役割としては、朝は朝食をとらせて「いってらっしゃい」と言って送り出す。夕方には、夕食をつくって、みんなで食べる。夕食の後は、みんなでくつろいで話す。学校で弁当がいるときは、弁当をつくる。お母さんが忙しいときは、子どもに手伝わせる。子どもがつまずいたら、親の体験談を話して聞かせる。子どもがしていることがよくないときは、本気で叱る。子どもの小遣いの額は、親が決める。子どもが着る服は、親が買う。

勉強がわからないときは、親も相談にのる。親がわからなければ、調べる方法を一緒に考える。本や文房具を大切にする。家族みんなで仕事を分担する。家族が病気をしたら、みんなで助け合う。おじいちゃん、おばあちゃんを大切にする。

人間がすることですから、完璧にはできないでしょうし、できないときもあるでしょうが、こうした当たり前のことをおろそかにしたままで、「新しい教育」など存在しないのです。

真の教育とは、けっして大言壮語を言うことではありません。挨拶をする、紙屑を拾う、身なりを整えるなど、日常の些事にあるのです。

新しい二十一世紀に入った現在、私たちは、教育のあるべき姿を「本立而道生」の精神に基づいて、改めて見直さなければなりません。

❺ 簡単なことが、能力の差になる

学校組織を束ねるリーダーの研修とは、言ってみれば、つまらないと思っていたことが実は大切であったり、大切であると思っていたことが実はつまらないことであったりすることに気づくプロセスです。

人は、学ぶことによって、ものの見方や考え方が変わります。そして、ものの見方や考え方が変わることによって、見えなかったことが見えてきたり、見えることが気にならなくなったりします。このプロセスこそが、組織を束ね、一つの方向性を見出していく学校リーダーとしての成長の過程です。

優れた学校管理職、優れた学校リーダーとは、実は、とてつもないことをしたり、とてつもないことを考えたりする人ではありません。こうした、ちょっとした見方や考え方の転換ができる人なのです。学校リーダーは、だれにでもできる簡単なことを本気でやれば、それが人の能力の差になると気づく必要があります。

同時に、学校リーダーには、その人の人生には、常に「運」の要素がついて回ることを自覚せねばなりません。組織のリーダーは、どこでも同じかも知れませんが、学校リーダーには、一般の教員以上に「運」ということがより強く影響します。

「マーフィーの法則」ではありませんが、多くの学校リーダーに出会ってみますと、「できる」と言われる学校リーダーのもとには、不思議なくらい数々の問題が生まれることに気づきます。まるで、天がその人の器量を確かめているようにさえ思われます。「できる人」には、できる人にあった仕事が待っているのです。

優れた学校リーダーの心がけは、天が、自分の才能を発揮できる人生の場を与えてくれていると解釈し、悔やまずにそれを遂行することだと思います。結果として、それは周りの人や社会の役に立っていることなのですから、考えてみれば、人生にとって、これほど幸福なことはないのです。

❻ 自ら勉強することこそが、自らを救う

学校リーダーが学校を管理運営しているとき、心の中でＳＯＳを発したいときがあります。

そんなとき、広い人脈が助けになるのですが、その人脈から得られる情報や知恵を識別し、判断していくのは、やはり当人の資質にほかなりません。結局は、自分の問題として返ってくるのです。

ここで学校リーダーに必要なのが、自らを高め自らを救うことのできる勉強です。人生とは、つまりは勉強の過程です。しかも、その年齢、年齢の勉強です。とりわけ、組織を率いる学校リーダーは、一般の教員以上に勉強することが、自らを救う唯一の道だと心得る必要があります。

よく、「教師は教えるが、学ばない」と言われます。また、世間では、「医者の不養生、

坊主の不信心、教師の不勉強」などと、面白く語られます。これは、あながち的外れな指摘ではないように思われます。

企業のリーダー研修会では、組織のリーダーは「時間の投資」「金の投資」「苦痛の投資」の三つをせよと説かれます。学校リーダーについても、まさに、この指摘があたっています。「時間をかけて、書物や講演から知恵を得て、自分なりの努力をする」、このプロセスこそが、自らを救う道なのです。

私は、教育の専門職たる教師は、自分の専門性を維持するために、少なくとも月に五千円、学校リーダーは月に一万円を書物に投資すべきだと勧めています。書物は、先人が体験を振り返り、知恵を集めた結晶にほかなりません。また、それを紐解くことは、自分自身の体験を振り返り、知恵を結晶させることにもなります。

人を教え導いていく教師の仕事とは、自ら学び、自らを修めるプロセスにほかならないのです。

第3章

学校ミドルリーダーの出番

❶ 学校ミドルリーダーの役割

日本史、世界史のいずれを紐解いても、優れた歴史上の人物は、優れた参謀をもっています。

参謀とは、すなわちミドルリーダーのことです。学校の管理運営においても、その発掘と育成が成功の鍵になります。学校では企画委員、運営委員などの名称で呼ばれますが、この学校ミドルリーダーが学校全体の視野をもてるかどうかで学校の行く末が決まります。

校長・教頭は、ミドルリーダーを指導し、運営方向についての基本的意思を伝えます。やる気と能力に満ちたミドルリーダーは、管理職の考えを広げ、実現するための道筋や課題を見通すことができます。

校長・教頭が、企画・運営委員会で注意しなければならないのが、根拠の希薄な保留ないしは先延ばしの意見です。もちろん、慎重に時間をかけて進めなければならない学校課題は、数多くあります。この場合、拙速になってはならないわけで、企画・運営委員の考え方や言動が大切になります。

しかし、この場合の意思表示に、表に出したくない個人の損得勘定や、はっきりした反対理由はないが仕事が増えそうだから延期しておこうというずるさが隠されていることがあります。

学校ミドルリーダーにこの体質があると、他の教員からの支持や理解を得るのは困難になります。実際の学校運営においては、この辺りの、人を見極め、人を裁く器量が管理職に求められます。

❷ 教師には、「三十五歳の危機」がやってくる

教師になりたてのころ、上司から、「三十歳までは若さで突っ走れるが、三十歳を過

ぎると若さが失われる。そのとき、二十代で勉強したことが生きてくる。若いときに、教師としての勉強をさぼるな」と言われたことがあります。加えて、「三十五歳になったら、教師の転機がやってくる」とも教えられました。

私の初任は、新設の小学校でしたから、全校で十数名の教師と一緒に仕事をしました。新設校というのは、学校がゼロの状態から始めますから、学校教育目標や年間行事などのソフト面だけでなく、子どもたちが遊ぶボールや掃除のホウキなどのハード面の一つ一つを討議し、意思決定をします。ほとんどのことは、先輩の先生がしますので、私などは「そんな風にして考えるものなのか」と、勉強勉強の連続でした。

その後、生徒指導が最も難しいと言われていた中学校に赴任しました。

そこでは、「学校課題は、すなわち生徒指導」と明快でしたから、困難は山積していましたが、教育の方向性を理解するのに難しさはありませんでした。中学校では、生徒指導を核にした教科指導、学級経営、学年経営、進路指導、道徳・同和教育など、先輩教師について回り、昼夜を忘れた日々が続きました。

三十歳になったとき、かつて教わった「若さが失われる年代に入った」ことを思い出しました。同時に、否応なく勉強せざるを得なかった二十代だったことを実感しました。そして、一方では、予言された「三十五歳の転機」とは一体どんな転機だろうかと、頭のどこかで思っていました。

それを、ほとんど忘れかけていたある日のこと、私は、一人の男子生徒を叱っていました。いつものように大声で叱り、その生徒は、いつものように首を下げて叱られていました。どこにでもある、生徒指導の場面でした。

その瞬間、その生徒が反抗したわけでもなく、何かをしたわけでもないのに、私と生徒との間に、一瞬、いつもと違う微妙な空気が流れました。周りで見ていたら、先生が叱り、生徒が叱られている、何ら変わりない光景だったに違いありません。

しかし、私にとって、それは、明らかにいつもと違う空気でした。叱られている男子生徒が、私に対して「怯える表情」を見せたのです。

それまで、私に叱られていた生徒は、いわば兄貴分に叱られているようなもので、部活動の練習中に、先輩に「こらー、何してる！」と怒鳴られているのと本質的に差はありませんでした。しかし、今回のそれは、「俺についてこい」と荒っぽく言い放つ兄貴分の先生ではなく、自分を保護し諭してくれるはずの父親の世代の先生から、予期しなかった叱られ方をされたことに対する戸惑いであり、怯えでした。少なくとも、私は、そのように感じました。

私は、このとき以来、大声で生徒を叱ることをやめました。叱りたいこと伝えたいことがあるときには、小さな声で、穏やかに言いました。生徒は、不思議にそれで納得し、叱る場面ではあっても、私との間に気持ちのいい空気が流れました。もちろん、生徒は、よく聞き入れてくれました。

このとき、三十四歳。先輩から教わった年齢から一年早いものの、「三十五歳の転機」を身をもって感じた瞬間でした。

私たちが学校の教師として成長していくとき、生徒指導ばかりでなく、学校教育の多くの領域で、三十五歳前後が教師としての成長の分岐点になるように思われます。学校の職員室で三十五歳と言えば、学級経営、教科指導が一人前になり、学校の中でも一人前に扱われるようになります。また、若い教師からは「先輩、先輩」と言われて、その気にもなります。

ちょうど、そのとき、教師には「三十五歳の危機」が待ち受けているのです。将来を期待される学校ミドルリーダーは、この歳に至って、次の十年のために、教師として新たな勉強をする必要が生まれるのです。

❸ 嘱望されるミドルリーダーはどこが違うか

甲斐の武将、武田信玄は『甲陽軍鑑』において「人は城、人は石垣、人は濠」と述べています。リーダーとして、人的資源を何より重視したのです。

学校においても、教員は、かけがえのない財産です。少なくとも、学校管理職はそう思っています。いくら施設・設備のハードウエアが充実しようとも、教育方法のソフトウエアが開発されようとも、それに命を注ぐのは教師でしかありません。教育は、すべて、人によって成り立つのです。

学校には、色々な世代の教師がいます。二十代、三十代、四十代、五十代の教師の知恵と力が結集されて、はじめて学校教育に活気と創造力が生まれます。いずれが欠けても、学校はいびつになります。若い教師には、若い特長を生かした活躍が期待されます。

1　二十代は、がむしゃらにやる人

「がむしゃら」という言葉は、知性や理性とはかけ離れた響きがあります。教師という職業には、不似合いのように思われるかもしれません。しかし、すべての仕事には、我を忘れんばかりに、ひたむきに取り組む時期というのがあるのです。

身も心も没頭したその時期に、人間は驚くばかりの成長を遂げます。長時間だらだらやっていても、成長はしないのです。これは、企業人でも、創作家でも、スポーツ・芸能人でも、基本的には同じです。

教師の土台づくりをする二十代、三十代前半の若い時代に最も求められるのが、この身も心も没頭することです。若さの特権ともいえる、このひたむきさ、がむしゃらな姿勢が、後になって実を結ぶことになるのです。

年齢が上がって四十代、五十代になると、今度は、人をまとめるためのゆとりや、周りを温かく包む人間的な幅が求められます。後輩を諭し、指導できる能力と器量が求められるのです。若いころに熱中し、がむしゃらに生きた経験が、ここに来て役立ってきます。

将来を嘱望される若い教師とは、がむしゃらな姿勢をもちつつ、先輩や上司の意見に耳を傾ける人です。社会生活では、この「耳を傾けつつ」という姿勢が大切です。がむしゃらだが、聞く耳をもたない若人は、見ていて微笑ましいが、独りよがりです。その人には、遠からず限界がやってきます。

自分が言うことの倍以上、人の言うことに耳を傾ける、これが優れた学校ミドルリーダーになる条件なのです。

2　複数の仕事の同時進行ができる人

若いときとベテランになったときとで、求められる能力にどのような違いがあるのでしょうか。

話し方、聞き方、子どもや親への接し方、事務処理能力などは、経験が増せば自然にうまくなるでしょう。また、管理職になると、教育課程管理、設備管理、人事管理、財務管理など、さまざまな分野の知識や企画力、遂行能力が求められます。もちろん、これらと並行して、ネゴシエーション能力つまり交渉能力も求められます。

しかし、将来、最も求められる能力を挙げるならば、これらを個別に対応し処理能力ではなく、これらを同時並行で進められる能力です。仕事を同時並行で対応、処理しようとするとき、かならず、課題や問題の軽重を判断する力が問われます。そして、それらを処理する優先順序を、即座に判断する力が問われます。

組織のリーダーには、この判断力を備えた、仕事の同時進行能力が求められるのです。

3　笑って、仕事ができる人

近年、学校では、思考力、判断力、表現力が求められる学力として強調されます。しかし、それらの能力が求められるのは、児童生徒ではなく、まさに教師自身、とりわけベテラン教師や管理職なのです。

将来を嘱望される人は、こうした仕事の同時進行能力に加えて、「笑って仕事のできる人」という資質をもっている人です。

かつて、学校管理職を務めていたころ、対外人事交流で、「どんな先生を求めておられますか」と聞かれることがありました。学校に必要な人材の条件は、何よりも「体力と人柄」です。これを備えた人を探すのに管理職は苦労するのです。

「若いうちに体を鍛えておけ」とよく言われますが、実社会では、その言葉どおり体力が要求されます。能力がありながら、健康でないために、それを発揮できずに終わった人が何人もいます。体力と人柄、これが教育者のスタートであり、ゴールであるように思います。それに、「笑って仕事のできる人」という条件が加われば、申し分ありません。

しかし、現実は、そう簡単ではありません。仕事が多くなると、多くの人は音を上げたり、怒りっぽくなったりします。それが人間の常なのです。こうならない人は、よほど人間的容量の大きい人であり、人間としての底が見えない人です。

将来、学校や市町村の幹部として教育をリードするだろうと思わせる人は、こういう人なのです。

4　その時々の勉強をする人

心理学者のエリクソンは、人間の「発達課題」という概念を提起しました。人間の生きる過程は、生まれてから亡くなるまで生涯発達するための課題遂行のプロセスであるというのです。

なるほど、約四十年間にわたる教師生活を追ってみると、二十代の教科経営、学級経営を学ぶ時期、三十代の学年運営を学ぶ時期、四十代の学校運営を学ぶ時期、五十代の市町村の教育を考える時期など、教師としての発達課題が次々とやってくることがわかります。

将来を嘱望される人は、これらの課題について、自分の年齢や役割を考えながら、その時々の勉強をしていく人です。

同じ現象を見ても、同じことを聞いても、同じ本を読んでも、人によって感じ方や受け止め方は違います。よく勉強している人は、これらの課題が現象ではなく本質的なものか、一時的ではなく永続的なものか、部分的ではなく全体的なものであるかを見分ける目をもっています。そして、課題解決のための方法を考えることができます。人を教える立場にある人は、若いときから教職を離れるまで、人を教える教師としての勉強を重ねて欲しいのです。

世の中には、「学問をするのに遅すぎることはない」という格言があります。なるほど、生涯学習時代と言われる今日、動機さえあれば、いくつになってからでも学問を始めることができます。

しかし、これが専門職についている当人の話となると事情は違ってきます。職業人としての甘えは許されないのです。

若いときには若いときの課題を、年齢が加わればベテランとしての課題を、自ら見つけ出し取り組んでいくことが、職業人として生きるために何より求められるのです。

5　「やってみます」と言える人

学校管理職は、立場上、職場の先生方にいろいろなお願いをします。一つの学校が機能するためには、目に見えるところ、目に見えないところなど、多くの人たちの力を合わせた働きが欠かせないからです。

それは、生徒指導や学習指導などの、生徒に直接関わることに止まりません。学校の施設・設備管理に関することもあれば、保護者への対応に関すること、地域社会との連携に関すること、教員の勤務や福利厚生に関することなど、実にさまざまです。

仕事の中身も、簡単なことばかりではありません。他人との交渉を必要とすること、時間がかかること、成果が人の目に見えにくいこと、手を汚すことなど、できればしたくないことがたくさんあります。

しかし、だれかがこうした仕事を引き受けて、学校はようやく学校として成り立っているのです。もちろん、こうしたことは、企業や他の組織でも同じです。構成員がそれらを分担し、協力しているからこそ、企業や組織はその機能を維持しているのです。

さて、仕事をお願いする立場からみると、それを聞く側の対応は、大きく二つのタイプに分かれます。一方は、「何とかやってみます」と肯定的に受け止めるタイプであり、もう一方は、「できればお断りしたい」という否定的なタイプです。

対応が分かれるのは、もちろん仕事内容にもよりますが、よく見ると、その人の生き方として「やってみますタイプ」と「できませんタイプ」とがあるように思われてなりません。

私は、かつて学校管理職だったころ、中学校を巣立っていく生徒に、人の生き方として「やってみますタイプ」という積極的な生き方を勧めていました。

現在、教育界では「新しい学力観」が言われ、「社会の変化に主体的に対応できる能力」の必要が叫ばれています。

周知のとおり、阪神地区は、大震災によって、すさまじい「社会の変化」を体験しました。そこで感じたのは、文字どおり、自ら主体的積極的に生きることの大切さと素晴らしさでした。

水は出ない、ガスも出ない、家はつぶれ、寝るところもない。そんな状況の中で、自分ができることを見つけて生きていく。自分より、もっと困っている人のためにボランティアをする。

私たちは、大震災を通して、生きるとはどういうことか、生きる喜びとは何かを体で感じました。そのとき、「よし、やってみよう」という生き方が、人間の根本として何より必要だったように思います。

中学校を卒業する生徒たちは、これからの人生で、いろいろな場面に出くわすでしょう。近いところでは高校入試、大学入試があるでしょう。また就職、社会人としての仕事、新しい家庭生活など、自分の力で乗り切らなければならないことが次から次へと生まれるに違いありません。

その際、困難や立ちふさがった壁から、できるだけ避けようとする姿勢をとるのか、自分なりに工夫して乗り越えようとする姿勢をとるのかの選択が迫られるのです。

前者の生き方をしていたのでは、事態はますます深刻になるでしょうし、喜びも生まれません。後者の生き方には、より以上の努力や忍耐を必要とするかもしれません。しかし、そこに、人間として何より必要な「生きがい」が生まれると思うのです。

戦後半世紀を経て新しい世紀に入った日本の学校は、同じように、教師にも「よし、やってみよう」という新しい生き方を求めているのです。

❹ 学校・学年組織の中核になれるミドルリーダー

学校・学年組織の中核になり、学校教育の推進役を果たせる人は、がむしゃらにやる二十代を過ごした人です。その上で、三十代になると、学校教育を推進するミドルリーダーとしての役割が期待されます。

ふつう、こうした年齢段階による教師の学習課題は、職場の上司によって教えられるものです。残念なことに、日本の学校現場では、教員間のこうした教え教えられる関係が、ずいぶんないがしろにされてきました。

これは、継続性と安定性が要求される子どもの教育にとって、由々しき事態です。戦後五十年を経た現在、私たちは、こうした日本の教育システムを改善しなくてはなりません。

1　思いつきの個人プレイより、ティーム・ワーキングができる

小・中学校における学校教育の営みは、校長の監督の下で、組織立って行われるものです。決して、一教師による個人プレイで成立するものではありません。そのことは、教育法規（学校教育法第二十八条）に、明確にうたわれています。

教育研究者の中には、この点の思い違いをしている人がいます。わが国は、法治国家であり、公教育は法の定めるところによって実施されなければなりません。

学校教育が組織立って行われるためには、まず学校リーダーが、学校教育の理念や目標を明確に示す必要があります。

ふつう、学校教育の理念や目標は、年度のはじめの職員会議で提示され確認されますが、年度の途中においても、しばしばこの確認がなされます。学校教育の理念や目標は、学校要覧の冒頭で示される数行の文字列だけではないのです。

月々の職員会議や教員研修会において、学校管理職が示す教育の方向性や教育の重点もまた、学校教育の理念であり目標なのです。

それは、年度はじめに提示した学校教育の理念や目標を補う働きがあります。だれしも、年度はじめに示す数行の文字列だけで、推進する学校教育のあり方のすべてを言い表すことはできないのです。そのため、学校の教育活動が進行するのに伴って、あるいは課題や問題が生じたときに、その機に応じて内容を補うのです。それが、学校教育の理念や目標の健全な提示の仕方であり、円滑な学校運営の方法です。

このとき、学校ミドルリーダーや一般教員に求められるのが、学校リーダーが提示した教育理念や目標を創造的に解釈し、それを具体的な方法論へとつないでいく役割です。

学校教育は、学校リーダーが果たす役割と一般教員が果たす役割の双方がうまく重なり合って、児童生徒の発達を健全に支援することができます。その際、教育推進の核を担うのが学校ミドルリーダーの役割です。

学校ミドルリーダーには、学校リーダーが考えていることを創造的に理解する役割が期待されます。同時に、一般教員が理解しにくいことを、咀嚼して説いて聞かせる役割が求められます。

一方で、学校ミドルリーダーが、こうした組織の大切な役割を担おうとするとき、共に考え、共に課題を解決しようとできる同僚が必要になります。この同僚は、共に悩みを打ち明け、助け合う仲間ですが、同時に、自分を高める構成的ライバルでもあります。スポーツの世界でも、芸道の世界でも、学問の世界でも、自己と組織を向上させるためには、この構成的ライバルが必要です。

ライバルは、かならずしもよい響きの言葉ではありませんが、決して否定されるべきものではありません。個人や組織を活性化させるためには、欠かせない要素なのです。陥ってならないのは、共に足を引っ張りあう悪しきライバル、つまり破壊的ライバルになることです。この破壊的ライバルは、個人にとっても組織にとっても、何らメリットがありません。

優れた学校ミドルリーダーは、優れた構成的ライバルによってつくられるという側面もまたあるのです。

2　原案をもって学校管理職に相談する

学校ミドルリーダーは、学校リーダーの候補には違いありませんが、学校全体を担うにはまだ未熟です。そのため、学校ミドルリーダーは、将来に学校リーダーとなるための研修生のような存在です。

研修生とは、つまり見習い生ですから、肩肘をはらずに、ＯＪＴ（On the Job Training）つまり実地訓練をし、それを通して、ものの考え方や問題への対処の仕方を学んでいけばいいのです。

一般に、学校ミドルリーダーには、「ホウレン草」つまり「報告」「連絡」「相談」が大切だと言われます。この「ホウレン草」は、現在発生している問題を的確に処理するために必要ですが、一方では、将来起こりうるであろう類似の問題を的確に処理できる能力を身につけるために必要です。

まさに、「ホウレン草」は、学校リーダーの資質を育む栄養源のようなものです。

学校ミドルリーダーが学校管理職と相談する場合、一般の教員のような、「校長先生、どうしましょう?」「教頭先生、どうしたらいいですか?」という相談の仕方であってはなりません。そうではなく、「自分としては、このように対処するのがいいと思うのですが、いかがでしょう?」と裁可を仰ぐ相談の仕方がよいのです。

その際、学校リーダーは、「それでいいよ」とか、「そうすると、○○の問題が生まれるから、○○にしよう」の返答をすることができます。また、組織として、より間違いのない判断を下すことができます。

その場に居合わせる学校ミドルリーダーは、そこで、学校を管理運営するときの、ものの考え方や判断の仕方を身につけていくのです。

3　自分の言葉で説明、提案、説得できる

大人であっても子どもであっても、組織を動かす人の器量を大きくするには、「説明させる」「提案させる」「説得させる」という三つの行動を豊富に体験させるのが効果的です。

その上で、リーダーは、自分が見込んだ人に思い切って仕事をやらせてみる冒険を行います。人材を育てようとするとき、優れたリーダーは、あえてリスクを背負うのです。組織の構成員のだれがその器量を備えているか、それを見極めるのが、リーダーの大切な役割です。組織のリーダーの、人を見る目が問われるときです。

学校ミドルリーダーは、こうした学校リーダーの思いを正面から受け止める人でなくてはなりません。

ある仕事や課題をだれかに任すとき、学校リーダーは、数ある選択肢の中から、何らかの決断をして委ねます。そのとき、委ねられた学校ミドルリーダーはよけいな気遣いをすることなく、自分ができる精一杯をすることだけを考えればよいのです。

極端に言えば、それがうまくいこうが、うまくいくまいが、責任は上司がとってくれると開き直ればいいのです。学校リーダーは、そこまで見越して、これはと思う学校ミドルリーダーに仕事や課題をお願いするのです。

さて、学校ミドルリーダーが、仕事や課題について組織のメンバーに理解を求めるとき、他人から借りた言葉ではなく、できるだけ自分の言葉で説明、提案、説得することが大切になります。

他人からの受け売りの言葉では、人に通じませんし、聞く側にとっては、本当に心からそう思っているのだろうかと疑念を抱いてしまいます。これでは、組織がうまく機能しません。

自分の言葉でわかりやすく説明、提案、説得をするには、コツがあります。仕事や課題を依頼されるときに、自分の経験や考え方に照らし合わせながら、納得できるように聞くのです。

依頼された仕事や課題が自分の腑に落ちていないとき、自分の言葉で説明、提案、説得するのは難しいものです。

この意味で、将来の学校リーダーが期待されるミドルリーダーは、ふだんから、自分の経験や考え方を結晶させる学びの精神が求められます。

4　自由に考えるより、正しく考えようとする

多くの人は、小・中学生のころ、先生から「自由に考えなさい」と言われたことを覚えているはずです。また、教師になって、教科指導や学級指導を含めた多くの場面で、子どもたちに「自由に考えなさい」と言っている人も多くいます。

子ども時代に、自由奔放に思いを巡らせ、多様で柔軟に思考することは、人間の知的発達にとって、とても大切なことです。それによって、子どもの考える力や学ぶ意欲が

育ちます。

もちろん、大人になっても、「自由に考えること」は大切にされなければなりません。しかし、大人の社会では、「自由に考えること」より「正しく考えること」のほうがもっと大切です。家庭でも、学校でも、企業でも、団体でも、その組織を形成している責任ある大人は、自由に考えることに優先して、正しく考えるように努めなければなりません。

戦後の日本の教育は、ここのところを勘違いし、「正しく考えること」より「自由に考えること」のほうを優先してきた傾向があります。そして、いつの間にか、子どものような大人を多くつくってしまいました。

最近、よく書物になっている日本人論を見ても、このことが、よく書かれています。日本では、成人式の式典において、場をわきまえない二十歳の青年の理不尽な行動が話題になりました。これは、まさしく、「正しく考えること」よりも「自由に考えること」を優先してきた教育の結果です。

二十一世紀に入ったわが国の教育は、創造的な社会を形成する真の大人を育てるために、多くの教育の分野で「正しく考えること」を教える必要があるのです。

5　若い教師を指導できる

よい学校づくりは、よい教師づくりから始まります。学校教育におけるものの考え方、行動の仕方、将来への見通しなど、教師が変われば、教育内容が自ずと変わってくるからです。

そのため、学校リーダーにとって、学校ミドルリーダーを育てることが大切な仕事になります。同時に、学校ミドルリーダーにとっては、次のミドルリーダーとなる若い教師を育てることが大切な仕事になります。

学校教育の全体が把握でき、教科指導や生徒指導などが一人前にできるようになった学校ミドルリーダーは、若い教師にとって尊敬すべき先輩ですし、また、その力も備わってきます。

注意しなければならないのは、若い人を育てるということは、若い人におもねることでもなく、若い人を手なずけることでもない、ということです。学校現場では、ここのところを勘違いしている学校ミドルリーダーを見かけます。

若い人におもね、手なずける学校ミドルリーダーは、学校リーダーの思いを若い人に伝える役割を担いません。また、組織立って学校教育全体を推進する責任ある態度をもちません。学校教育が健全に行われるためには、学校ミドルリーダーは、組織内に組織をつくる愚をおかしてはならないのです。

若い人を指導するときには、「自分の成功談ではなく、失敗談から始めよ」と言われます。なるほど、先輩から成功した自慢話ばかりを聞かされるのでは、若い人の気持ちは離れてしまいます。

また、学校ミドルリーダー自身が多くの書物に接していることが前提になりますが、若い人に「適材適書」を薦めることも大切な仕事です。この場合、自分が読んでもいない本を薦めても意味がありません。

本は、人によって読み取り方はさまざまで、同じ本でも、興味をもつ人もいれば、そうでない人もいるからです。

本を薦められた人にとって意味のあるのは、本を薦めた人が、その本に共感や賛同をしているという事実なのです。薦められた本を読むということは、つまり、本を薦めた人の考え方や価値観を読み取るということです。

学校ミドルリーダーは、この意味を理解した上で、若い人への「適材適書」を推進していく必要があります。

❺ ミドルリーダーの経験は人間の幅を広げる

1　学校リーダーと学校ミドルリーダーの共通点

学校ミドルリーダーに求められる資質には、学校管理職すなわち学校リーダーに共通する部分とそうでない部分とがあります。

両者に共通するのは、何より、体力と人柄が求められる点です。どんな組織のリーダーでも、優れた健康と人となりが大切です。これに、知恵と待つ力が加われば申し分ありません。

また、組織のリーダーには、型破りのユニークさよりも、バランスのとれた判断力が求められます。組織のリーダーは、評論家などではなく、組織を実際に動かしていく実践家なのです。

組織の運営においては、事象の一面をとらえた思いつきの発言ではなく、平時においても有事においても、安定した総合判断をできる力が必要です。

同時に、リーダーもミドルリーダーも、人にものが言えるだけでなく人の言うことをよく聞く人でなければなりません。人間の口は一つですが、耳は二つです。これを自分が話すことの倍だけ人の言うことを聞かねばならないと解釈することが大切なのです。

さらに、リーダーとミドルリーダーは、人の意見を聞いて、その通りと思ったら、すぐ受け入れ実行する人でなければなりません。学校現場では、学校リーダーやミドルリーダーの考え方と共に、その実行力が問われるのです。

2　学校のオピニオン・リーダーとして

学校ミドルリーダーが学校リーダーと異なる点は、学校リーダーには鋭さより包容力がより求められるが、学校ミドルリーダーには包容力より鋭さのほうがより求められるという点です。

学校ミドルリーダーに鋭さが求められるのは、学校ミドルリーダーが学校のオピニオン・リーダー役、すなわち、教育推進の先鋒役を担わなければならない必然から生まれます。学校ミドルリーダーは、学校管理職がリーダーシップを発揮するために、その条件を整える役割を演じねばならないのです。

新教育課程では、学校における校長のリーダーシップが強調されています。しかし、学校管理職がそれを自ら額面どおり行動して、何事にも自らが率先してやろうとすると失敗します。

校長のリーダーシップを発揮させるのは、むしろ、学校ミドルリーダーの強力な支援なのです。

この意味において、校長・教頭がリーダーシップを発揮するためにしなければならないのが、自分の教育理念や教育目標を学校ミドルリーダーに話して聞かせ、力量のある学校ミドルリーダー集団をつくる仕事です。

学校ミドルリーダーは、ここで校長・教頭の意を汲むという大切な役割を果たすことが求められます。

3　学年や委員会の取りまとめ役として

学校ミドルリーダーは、学年や委員会組織においては、オピニオン・リーダー役だけでなく、取りまとめ役もまた演じなければなりません。

学年組織の運営においては、学年主任は小さな学校管理職のようなものですから、教師集団をまとめ、一つの方向に導いていく役割を担います。

そのとき、一教員として自分の思うままに話し、自分の思うままに行動してきたそれまでの行動様式では、学年の職員組織は機能しないことに気づきます。まさに、自分が思ったことをそのまま言えない立場に追いやられるのです。

ここが、いかなる組織においても、組織をまとめるリーダーにとって辛いところです。自分が言いたいことがそのまま言えたら、リーダーの苦労はそれだけで半分以下になるのです。

ただし、この言いたいことが言えない状態というのは、相手の心を思いやったり、人にはさまざまな考えがあることを身をもって体験したりするために、貴重な機会を提供してくれます。

同時に、学校という組織が動くためには、教員の共通理解を図ることが大切ですが、一方では、教員の共通理解には一定の限界があり、そこを見極めて教育推進を図る必要があることを学ぶ機会にもなります。

学年主任が行う、学年会の運営、学年内の学級経営の調整、学習指導の調整、補助教材の選定、学年行事の企画と運営、ＰＴＡとの連絡調整、学年会計の処理などの仕事には、将来の学校リーダーを育てるのにふさわしい学習材がふんだんに盛り込まれています。

将来の学校を背負う学校ミドルリーダーには、組織の円滑な運営を図るために、また、教育者としての自らの人間的な幅を広げるために、この機会を有効に生かすたくましさが欲しいのです。

第4章

学校ミドルリーダーに求められる人的組織づくり

❶ 人が動くとき、動かないとき

1　人が安心するとき

学校管理職は、年度当初、教員の学年所属や委員会所属などの校内組織を決め、それを一覧表にして示します。ただ、ここで示される校内組織は、いわば形式的組織であり、教員の協力によってそれを実質的組織にしていかねばなりません。

その過程で、大切な役を担うのが学校ミドルリーダーです。

「青色青光、黄色黄光、赤色赤光、白色白光」と言われるように、組織には色々な光を放つメンバーがいます。穏やかな人、興奮しやすい人、柔軟な人、頑固な人、従順な人、反抗心が強い人、忍耐強い人、飽きっぽい人、仕事の早い人、仕事の遅い人、見栄をはる人、素朴な人など、いくら挙げても、きりがありません。

しかしながら、すべての人に共通しているのが、リーダーが堂々とニコニコしている顔を見ると安心して働くということです。

あるとき、おめでたい米寿を過ぎた企業経営者と対談する機会がありました。「経営者として、どんな人を採用されますか」とお尋ねすると、すかさず「そうだねー、笑って仕事のできる人だね」とおっしゃったのです。

これは人事を扱う学校管理職にとって、ずいぶん、簡潔で的を得た表現のように思われました。

それ以降、学校管理職として「どんな先生をお望みですか」と聞かれると、「体力と人柄。欲を言うなら、笑って仕事のできる先生」と答えるようになりました。そして、自らも、できるだけ笑って仕事をするように心がけました。

考えてみると、人は忙しくなると怒りっぽくなったり、仏頂面をしたりするものです。人としては、それが普通の行動様式です。しかしながら、児童生徒を導いたり組織を率いたりする指導者は、そうならないように心がける必要があるのです。

すべての人は、かならずよい面とよくない面とをもっています。メンバーのよい面を引き出せる人がよいリーダーであり、メンバーの悪い面を引き出す人がよくないリーダーです。

メンバーがよい面を出し、組織が活性化するためには、リーダーが安心感を与える存在でなくてはなりません。そのために、学校リーダーやミドルリーダーは、組織を動かす自分の心がけとして、笑って仕事のできるリーダーを目指したいのです。

2　人が動くとき

知的なリーダーは、理屈によって人を動かそうとします。

しかし、人は、理屈だけで動いたりはしません。人は、理屈で納得しますが、感情で動くのです。童門冬二氏は、これを「情の管理、知の管理」と述べています。情の強いリーダーは知的な管理を心がけ、知の強いリーダーは情的な管理を心がける必要があるのです。

人の感情を動かすのに大きな働きをするのが、リーダーによる言葉かけです。

リーダーが上手に声をかけることによって、組織の中のメンバーはやる気を起こし、まずい言葉かけをすることによって、メンバーはやる気を失います。

人を動かす言葉の一つに、「さすがですね」や「さすがだね」があります。これは、人を認める言葉であり、人を快くさせる言葉です。口先だけの「さすがですね」は相手にすぐ見破られてしまいますが、心から出てくる「さすがですね」「さすがだね」は、人も組織も活性化させます。

また、外国の人たちは〝プリーズ〟〝エクスキューズ・ミー〟〝サンキュー〟という言葉を上手に使うと言われます。私たちも、この「どうぞ」「すみません」「ありがとう」という三つの言葉を上手に使いたいものです。

ただ、人を動かすときに難しいのは、人の理解は、かならずしも言葉や理屈によってなされるものではないということです。

学校が新しい教育課題に取り組もうとするとき、学校リーダーは、極力、言葉や理屈によって教員の理解を求めようとします。もちろん、それは大切なことですし、人は理解したり納得したりすると、その後の行動に拍車がかかります。

しかし、人間の理解の中には、実践を通してはじめて腑に落ち、納得できるものもあります。その典型的なものは、親のあり方です。

「子をもって知る親の恩」は、まさに、実践を通して理解できる領域の典型です。学校管理職の仕事にも、この親業と共通するところがあります。学校リーダーは、常に教員の理解を得るように努めながら、一方では、体験を通してはじめて到達できる理解があることもまた承知しておく必要があるのです。

江戸期の慈雲尊者は、「してみせて、言うて聞かせて、させてみて、ほめてやらねば、人はできぬぞ」と言って聞かせたとされます。いつの時代にも、組織のリーダーは、組織や人を動かすために知恵を絞り、それぞれに苦労と工夫をしてきたのです。

3　人が強く主張するとき

組織のメンバーの中には、自分の思いや考え方だけをとりわけ強く主張する人がいます。しかし、それはあくまでも「その人の見方や考え方によるならば」という注釈つきの話です。

学校リーダーやミドルリーダーは、そこで一呼吸おいて考える必要がありますが、その主張は、その人固有の価値観や立場から生まれたものであることを認識する必要があるのです。

学校リーダーやミドルリーダーが注意しなければならないのは、話を単純化して考える人です。その人は、すぐに白か黒かで物事の結論を導き出そうとします。機械技術ならいざ知らず、人間社会のことは、単純化して考えられないことのほうが多いのです。

また、学校組織においては、評論家教師にも注意しなければなりません。評論家教師は、組織を推進する当事者の立場でものを言うのではなく、第三者のように説明を加えたり、批評したりします。

この傾向がある人に責任ある仕事を任せようとすると、できるだけ逃げようとしますし、引き受けたとしても、すぐにできないときの言い訳を考え始めます。この場合には、時間をかけて、組織を推進する当事者としての発言や行動の仕方を教えねばなりません。

もし、自分の意見ばかりを強く主張して運営の妨げになるときには、ためらわずに、「あなたのおっしゃることはよくわかるが、私は賛成できない」と述べ、責任者としての見解を明示することも必要です。

また、組織の中に、「できない族」がいることがあります。新しい仕事や課題について、いつも「できない」と答えるのです。この傾向のある人が喜んでするのが、いままでどおりの仕事です。

いままでどおりの仕事をいままでどおりするならば、大きな失敗をしないという訳です。

人は、本来、自分の価値観や立場に基づいて物事を判断し、主張します。学校リーダーやミドルリーダーは、その主張の強さや声の大きさにたじろいで、組織の進路を誤ってはならないのです。

4　女性が生きるとき

間宮武氏の『性差心理学』によれば、女性は、①色彩への感度と識別能力、②手先の速さと正確性、③直観と視覚的記憶、④苦酸甘の識別能力、⑤感情表現と文章の記憶力、⑥言葉の豊富さと文章構成能力、に優れるとされています。

実際のところ、これまで多くの男女教員に接してきましたが、組織の管理運営に優れた多くの女性がいることを実感します。結論的に、学校管理者としての能力は、女性男性の性差によるのではなく、個人差につきます。

その上で、学校は、男性と女性のそれぞれのよさが組み合わさった職場でありたいものです。重い物を運ぶなど強い力が必要なときは男性教師の出番でしょうし、花を飾るなどのちょっとした心遣いは女性教師のほうが得意でしょう。

女性教員と男性教員の協力は、自然に、男女の児童生徒の思いやりと協力につながるでしょうから、教育的意義としても大きなものがあります。

この意味で、学校リーダーとミドルリーダーは、学校において女性と男性が共に生きるためのコーディネーターでもありたいのです。

5　若い教師から相談されたとき

学校ミドルリーダーは、若い教師から相談を受けることがあります。

基本的には、自分の体験や思いを率直に伝えればいいのですが、若い教師に育って欲しいと願うとき、相談に少しの工夫が必要になります。

その要領は、教室で児童生徒に接する場合と同じです。

もちろん、時と場合によるのですが、基本的に、若い教師から相談を受けたときに、すぐ答えを言ってはなりません。安直に解決法を示すより、話を聞いて、まず共に考えることが大切なのです。

なぜなら、多くの場合、相談にくる人というのは、答えの半分を自分の内にすでにもっているからです。相談というのは、ある意味で、来談者が考えている結論の確認をするための作業なのです。

例えば、ある学級担任が、「最近、学級の児童が自分によく逆らうように思う」と悩んでいるとします。学校ミドルリーダーは、そのとき、「君の年齢で、そんなことを言ってたら、若い人に負けてしまうよ」などと言ってはいけないのです。

そうした場合には、「そうなんだよ。学級担任をしていると、ある年齢で、多くの人が同じように悩むんだ」と共感して、話をゆっくり聞くことから始める必要があるのです。

それによって、相談にきた若い先生は安心し、どのように解決法を求めればいいのかを自分で主体的に考えるようになるのです。何事であれ、問題に直面している本人に対処する方法を考えさせることが、主体的に責任をもって解決に向かうエネルギーになります。

組織を運営するリーダーは、問題が発生したとき、その問題を解決する方法だけを考えてはなりません。それをきっかけにして、若い人を育てることを考えなければならないのです。

学校リーダーやミドルリーダーの、その先見性は、かならず若い人を導く推進力になり、学校運営の大きな力になっていきます。

❷ 人的組織づくりの心得

城は、外からではなく、内から崩れると言われます。組織の崩壊は、外的要因によってではなく、内的要因によって起こるのです。

学校教育でも企業経営でも、人的組織づくりがうまくいくと成功し、それがうまくいかないと失敗します。

学校リーダーとミドルリーダーは、学校教育の推進を図るとき、教育理念や教育目標を明確にし、実施計画を練るばかりでなく、それを推進する教員の組織づくりと機能のさせ方について知恵を働かせなければなりません。

1　組織メンバーの三態

だれがみても明らかなことを言うときは別ですが、新しい課題を提案したとき、人は不思議なくらい、賛成する人が三分の一、反対する人が三分の一、どっちでもいい人が三分の一に分かれます。

人は、多くの場合、急進派、保守派、穏健派の三派に分かれるのです。

したがって、学校リーダーとミドルリーダーは、賛成派だけを見て喜んではなりません。また、反対派だけを見て、腰が引けてはなりません。

組織運営の勝負所は、どっちでもいいと思う人を、いかに自分の提案や企画に引きつけられるかにあります。もし、どっちでもいい人の全部を引きつけられたら、七十％の賛成になります。これは、理想的な数字です。

多くのリーダーは百％の支持を得ようとしますが、それは何事にも円満解決を図ろうとする日本的運営法です。もちろん、それには大きなメリットもあるのですが、新しく大きな課題に突き当たったときには、この日本的運営法では、先に進まないことがしばしばです。

また、百％の支持は理想的なように思われますが、一方では、メンバーの慢心を招いて組織の不活性を招きます。

この意味で、組織のリーダーは、新しく大きな課題について七十％の支持を得られたならば、三十％の反対があっても、自信をもって事に臨めばいいのです。

ここでは、日本に古来からある「七三の美学」を生かすのです。

2　組織を活性化させる三つの条件

組織が、ある目標に向かって活性化している集団であるために、必要な条件というのがあります。それは、「目標をもつ」「成果を公開する」「期限を決める」の三条件です。

①目標をもつ

人であっても組織であっても、それが無目的であっては、生き生きと活性化することはありません。目的があるからこそ人の目が輝き、目的があるからこそメンバーのやる気や団結心が高まるのです。

学校教育の活性化のためには、学校リーダーとミドルリーダーは、メンバーに対して常に、組織の目標を明らかにする必要があります。

②成果を公開する

幸か不幸か、人は、本来的に見栄をはる動物です。人から見られることによって、自分の内なるエネルギーを湧き起こします。

高齢社会と言われる今日、高齢者対象の生き方講座において、「汗を出すこと」「声を出すこと」「顔を出すこと」の「三つの出す」が奨励されています。このうちの「顔を出すこと」とは、人前に出ることです。これは、すなわち、いくつになっても人間としてよい見栄をはりましょうという教えなのです。

学校が、教育成果を公開研究会によって広く知らしめるのは、教育のあり方について共に考えるという意味がありますが、一方で、人間のだれもがもっている「見栄の心理」を働かせて自らを動機づけようとする意図があります。

これは、組織や組織のメンバーを、よいほうに活性化させる運営テクニックの一つなのです。

③期限を決める

学校の教育研究でよく見かける誤りは、期限に関わる意思決定をしないことです。

わが国では、学校の教育研究が盛んですが、本当にそんなことができるのだろうか思われるような大テーマを研究課題に掲げる傾向があります。

新教育課程で強調されている「生きる力」も、その意味や児童生徒像を明確にして推進に取り組まないと、同じ轍を踏む可能性があります。

学校が、人生をかけてもできそうにない大テーマを、簡単に教育課題に掲げてしまう理由の一つに、その教育課題を達成する期限を明示しないことが挙げられます。学校が、その教育課題をいつまでに達成するのか、その達成をどのようにして確かめるのかという見通しや計画をもたずに教育推進をしているのです。

これでは、教育研究は、無責任なやりっぱなしの研究になります。成果を確かめもしない教育研究は、以後の教育資産にはなりませんし、他の学校の参考にもなりません。

学校教育研究の期限を明示しますと、確かに、主催する当人は窮屈な感じがしますが、同時に、いつまでに目標を達成しようとする内的エネルギーが湧いてきます。

学校組織を活性化させる運営には、こうした期限についての意思決定もまた大切になります。

3　危機のときに、人の本性が表れる

どんな組織でも、「体力」「人柄」「能力」の三拍子そろった人がいるものです。しかし、そういう人が世の中に多いわけではありません。

実際には、人柄と頭脳は申し分ないが体が丈夫でないとか、体力も能力も高いが性格的に難があるとか、人はそれぞれ個性をもっています。

学校を管理運営する人にとって、そうした人たちをどのように処遇し、生かしていくかが仕事になります。

もっとも、人が本性を表すのは、楽しいときや面白いときではありません。人は、辛く苦しいときに、その本性を見せるのです。経済学的に言うと、人は消費行動をしているとき、本当の姿は見えないと言われます。お金を使って遊んでいるときというのは、楽しく面白いときだからです。

阪神大震災のとき、学校は、大きな被害を受けました。交通は遮断され、学校の復旧と生徒の安否確認のために身をけずる毎日でした。さらに、学校には多くの避難者がいましたので、授業と避難者への対応のために昼夜を忘れた日々が続きました。

そんな中で、教員の行動は、四つの行動タイプに分かれました。

教員の中には、家が被災した人と被災しなかった人、学校に来て復旧作業にあたった人と来なかった人がいました。

家が被災していないので学校で復旧作業をするのも理解できますし、家が被災したので学校に来ないのも理解できます。しかし、中には、家が被災しているのに学校の復旧作業に精を出す人と、家が被災していないのに自宅で待機する人がいました。

人というのは、このように差のあるものかと実感しましたが、学校運営が辛く苦しいときだったからこそ、さまざまな人間模様を見た気がしました。

❸ 学校組織の意思決定のプロセス

「世間の常識は学校の非常識。学校の常識は世間の非常識」という表現がすべてあたっているとは思いませんが、学校の意思決定に関する教員の常識は、世間では到底通用しない非常識の典型です。組織の最終的な意思決定は組織の最高責任者が行うという常識が、いくつかの学校では通用しないのです。

法規上明らかなように、学校教育に関わるすべての意思決定は、校長の責任において行われます。そのため、学校運営上で起こるすべての問題は、校長が最終責任をとらなくてはならないのです。もちろん、職員会議には、意思決定を行う何らの権限もありません。

世間から見れば驚くべきことですが、学校には、この法規上のきまりを知らない教員がいます。この点、学校リーダーとミドルリーダーは、法規上の自分の役割をよく認識し、校長は校長として、教頭は教頭として、教務主任は教務主任として、学年主任は学年主任として、法の要請にそって、その責務を果たさなければなりません。

法規上の規定と学校の管理運営の実際を総合して考えると、学校の教育課題に関する意思決定は、基本的に次のプロセスを得るのが妥当です。

それは、「学校管理職による提案と問いかけ」→「教員からの意見聴取」→「再度の提案と問いかけ」→「教員からの意見聴取（議論の焦点化）」→「学校管理職による意思決定」です。

どんな場合にも、組織の責任者は、メンバーの言うことによく耳を傾けなければなりませんが、最終的な意思決定は、責任者たる自分が下すべきです。

新教育課程において強調されている校長のリーダーシップが発揮されるためには、企画・運営委員の学校ミドルリーダーの働きとともに、こうした学校組織の意思決定プロセスの常識を、すべての教員が学ぶ必要があるのです。

第5章

学校ミドルリーダーに期待される教育課程の運営能力

❶ 特色ある学校づくりのねらい

1　私立学校から見た公立学校の課題

私は、二十五年あまりの間、公務員として公立の小・中学校、国立大学附属学校に勤務してきました。現在は、私立大学に勤務しています。

公務員の立場を離れると、それまで当たり前だったことが当たり前でなくなったり、見えていなかったことが見えてきたりします。海外旅行をして、はじめて日本という国を実感する、ちょうどあの感覚に似ています。

いま、多くの公立学校は、学校としての表情を失っているように見えます。いったい、いかなる理由によるのでしょうか。

私立学校が公立学校と決定的に違うのは、所属する学校に対する教員の意識の差です。私立学校では、学校の特色を前面に押し出し、それをアピールすることに教員が全力をあげます。学生・生徒が集まらないと、明日の自分の生活がないからです。

私立学校において、「特色ある学校づくり」は、お題目ではなく、待ったなしの現実課題です。翻って、公立学校の教員に「特色ある学校づくり」の意識がどれだけあるでしょうか。公教育が信頼を失いかけている、この時期にです。

2　学校のスリム化と特色づくり

昔と違って、いまの学校は受難の時代にあると言えます。あまりにも多くのことが要求されすぎています。そのため、学校が本来もつべき夢とか楽しさが失われています。

ある教師の場合、教科の授業、道徳、学級経営、生徒会、給食指導、学校行事、部活動など、スーパーマンのように一人で何役もこなします。これに、校外補導が加わるから並大抵ではありません。

「特色ある学校づくり」を言うとき、学校は教育の重点を明らかにすると同時に、学校だけではできないこともまた率直に話すべきです。もちろん、保護者に対してです。

日本の教育では、もっと、保護者責任ということを明確にしてよいと思います。よく、校内暴力、器物破損、学級崩壊など、学校内で起こったことの原因が、すべて学校の責任であるかのような言い方をされますが、かならずしもそうであるとは思われません。

家庭、塾、社会の問題が、単に、児童生徒の多くの生活時間を占める学校で表面化しているかもしれないのです。

この意味において、文部科学省が発表した「小学校の学級崩壊」の報告書が「家庭のしつけ」に言及している点が評価できます。しかし、これとて、学校を管理監督する当事者の報告ですから、書き方はずいぶん控えめです。

加えて、マスコミは「学校責任」のほうが活字にしやすいため、結局は、学校が悪いということになってしまいます。その結果、教師はものを言わなくなり、不満ばかりがたまってきます。もちろん、やる気も失います。

いま、国民は、こうしたサイクルで本当に日本の教育がよくなるのだろうか、真に子どもを育てることになるのだろうかと真剣に考える必要があります。

3　教員の不勉強は学校改革の致命傷

総合的学習が導入される新教育課程に移行中の夏休み、阪神間の中学校は、いつもとは違っていました。

多くの学校で、総合的学習の校内研修会が自主的に開かれました。私も多くの研修会に講師として出向きましたが、管理職だけでなく一般の先生方の熱心さに心を打たれました。

かつて、新教育課程の研修は文部省主催の伝達講習ときまっていました。先生方の多くは、学習指導要領の文言どおりの説明をひたすら聞かされるものでした。

それに比べて、今回の新教育課程への動きは、ずいぶん先行きの明るい、うれしい動きだと感じました。

新教育課程で実施されることになった総合的学習は、教育内容、地域との関係、学校の管理運営のいずれにおいても、学校の特色を出すのに好都合です。

「国際理解」「情報」「環境」「福祉・健康」のキーワードで象徴される総合的学習ですが、学習指導要領をよく読めば、無制限とも言えるほどに内容的な制限はなされていません。児童生徒の興味・関心や学校・地域の実態が、ふんだんに生かされるのです。

残念ながら、先の校内研修会では、多くの教師がこのことを承知していませんでした。これでは、心配ばかりが先立つのは当然です。何事につけても、問題解決の第一歩は事実認識です。

校内研修会で、ある教員が「総合的学習をすることについて、少し気が楽になりました」と発言したのは、総合的学習の規定や実践例を勉強して、その内容や条件が事実として見えてきたからにほかならないのです。

新教育課程では、教育内容の自由が、従来と比較にならないほど保障されています。これまでの学習指導要領で指摘され続けてきた窮屈さや不自由さから解放され、児童生徒の主体性を生かした教育内容を、学校の教員をあげて試みる環境が整ってきたのです。長年、義務教育にたずさわってきた者からすれば、これで本当に国の将来は大丈夫かと心配されるほどです。

あとは、各学校の先生たちの工夫と協同性にかかっています。

4　学校教育と社会教育のリンク

これからの学校は、地域との関係において「特色ある学校づくり」を考える必要があります。一つは、地域の教育力を学校教育に生かすため、一つは、学校の特色を地域に知らしめるためです。

体験活動を重視する総合的学習は、必然的に児童生徒の校外活動を伴い、地域社会の教育的支援を必要とします。

学校の特色を地域に知らしめる理由は、行政機関には、アカウンタビリティ（説明責任）が求められることによります。学校も、広義の行政機関です。

これからの学校は、地域の支援を受け、社会教育と連携することなしには成立しないのです。

その典型が、平成十年度から始まった兵庫県の「トライやる・ウィーク」です。県下一斉に中学二年生が一週間、地域で活動する取組みは、学校教育と社会教育のリンク以外の何ものでもありません。

国際的に見ても大英断であったこの教育姿勢に、これからの学校を考える教育関係者は多くを学ぶ必要があります。

5　消滅したミドルリーダーの復権

「学校の特色づくり」を物理的に阻害しているもの、それは、戦後日本の職員室を支配してきた学校風土です。

奇妙なことに、新しい教育を導入しようとするとき、日本の学校管理職は、教育内容より意思決定のプロセスに気を遣います。ある会社で新製品を出そうとするとき、どんな新製品かよりも、新製品であると決める社内決議の仕方のほうに気を遣うようなものです。

組織の運営においては、その責任者が最終決定権をもつという一般社会の常識が、多くの国公立学校では通用しないのです。

いま、日本は国をあげて、この慢性的な学校風土と闘う必要があります。でなければ、いかなる教育目標も絵に描いた餅に終わってしまいます。

もう一つの課題は、教員組織における学校ミドルリーダーの不在です。いかなる組織も、トップとメンバーをつなぐ中間指導者の働きなくして機能することはありません。

歴史的経過があって、昭和五十年以降、日本の職員室から急速に学校ミドルリーダーが姿を消しました。近年の小学校の学級崩壊についても、それがいきなり学校管理職の対応問題になり、ベテラン教師と若手教師との間で行われる日常的な教え、教えられる関係の問題となることはありませんでした。

こうした学校の体制では、いかなる教育問題も、早期に発見され、解決されることはありません。校長・教頭は、児童生徒に関わる学校教育の問題意識を明確にもつ。そして、教育方法について広く教員の意見を求め、最終決断をする。教員は目標実現に向け、組織立って実践をする。

「特色ある学校づくり」は、この極めて常識的な学校管理運営の復活にほかならないのです。

❷ 学校の管理運営で必要とされる教育課程編成能力

教育課程を編成する際、最も配慮しなければならないことの一つは、校長を中心とする教員間の意思疎通をいかに図るかということです。

今回の新学習指導要領のように、教育課程編成の基準が大きく変わり、大綱化弾力化してくると、その重要性はいっそう高まります。

言うまでもなく、学校は、個々の教員が恣意的に教育活動を展開する場ではありません。学校が編成した教育課程に基づき、系統立てて実践される教育活動によってのみ、学校は児童生徒の健全な発達を支援する場であり得るのです。

この意味において、教育課程の編成は、学校運営の中核をなすきわめて重要な教育活動です。

1　教育理念を明示し、具現化する能力

学校における新教育課程編成の難しさは、はじめに学校管理職と一般の教員との間の教育的認識のズレから生まれます。これは、職務上の立場の違いから生まれる必然です。例えば、新学習指導要領は、中央教育審議会答申と教育課程審議会答申とを受けて作成されます。校長・教頭の学校管理職は、新学習指導要領の内容だけでなく、これらの答申について早くから研修し、教育的な問題意識を育んでいます。

しかし、一般の教員の多くは、中央教育審議会答申や教育課程審議会答申はもちろん、新学習指導要領の趣旨や変更点にさえ目をやっていないのが現実です。

この認識のギャップを埋めつつ、教育課程編成の作業を進めるのが、学校運営の現実課題なのです。

校長・教頭の学校管理職には、教育課程編成の最初の仕事として、時代の要請からくる教育課題と学校の児童生徒の実態から生まれる教育理念とを明らかにする能力が問われます。

一方、教員の側には、校長・教頭の提案を創造的に解釈し、教育目標や教育活動へと具現化していく能力が求められるのです。

2　教育理念具現化のための連絡調整能力

この度の教育課程審議会の答申には、「校長のリーダーシップ」を強調するくだりがあります。

特色ある学校を旗印にする以上これは当然のことですが、その達成のためには教員のメンバーシップもまた求められます。とりわけ、教務主任や学年主任など、学校教育の企画・運営に直接たずさわる学校ミドルリーダーの積極的な役割が期待されます。

学校教育法施行規則第二十二条の三③には、

「教務主任は、校長の監督を受け、教育計画の立案その他の教務に関する事項について連絡調整及び指導、助言に当たる」

また、同④には、

「学年主任は、校長の監督を受け、当該学年の教育活動に関する事項について連絡調整及び指導、助言に当たる」と明示されています。

近年、こうした学校の中堅を担う教師の役割が形骸化しているのは、憂うべき傾向です。校長の意図を汲み、若い教師の指導にあたる連絡調整機能を果たす学校ミドルリーダーの役割が、学校の教育活動のあちこちの場面で期待されているのです。

3　教育課程作成のための実務管理能力

学校における教育課程の編成は、教育理念ばかりが先行する作業であってはなりません。教育課程編成の実務面から述べるならば、学校リーダーとミドルリーダーは、教師間の意思疎通と合意を得るために、次のような校内手続きを円滑に図る実務管理能力が問われます。

① 新教育課程の趣旨理解（校内研修）
② 新教育課程を編成する「推進ティーム」の設置
③ 校長の示す教育理念の理解と創造的解釈

④　新教育課程で強調する新しい教育理念と学校教育目標の作成
⑤　実際的な教育活動の例示を伴った特色ある学校像の提示
⑥　年間教育活動計画と週時程における特色ある学校像の具体化
⑦　学年、教科、部会ごとの具体的教育計画、教育内容の細案作成
そして、最後に大切な項目は、
⑧　出てくる不都合を修正しながら教育課程を進行させる運営
です。

いかなる教育課程も完璧なものはなく、教育活動の進行に応じて弾力的に対応できる教師の力量と柔軟性が問われるのです。

❸ 学校の個性を豊かに保った教育課程のスリム化

学校週五日制時代に伴い、教育課程のスリム化もまた強調されています。

新教育課程の編成は、学校で行われている行事や授業を見直し、マンネリに陥りやすい教育活動の改善や再構築を図るにはよい機会です。

しかし、ともするとスリム化は、単に学校行事などの特別活動の削減と授業時数を確保することのみを強調する結果になりやすいものです。この点、学校運営の立場からは、児童生徒の全人格的発達を考慮した創意ある対応が求められます。

学校リーダーやミドルリーダーは、学校の教育活動において児童生徒の個性が尊重されるのと同じように、社会の中に存在する学校もまた個性が尊重されなければならないと考える必要があります。

もちろん、学校の個性化とは、思いつきであれこれと子どもたちが面白がる活動を企画することではありません。学校の教育目標を明確にし、その目標を達成するために、さまざまに工夫された教育活動を展開する学校が個性豊かな学校です。

スリム化という観点で言い換えるならば、学校のスリム化とは、学校の教育目標という骨格を肉づけするために必要な筋肉となる教育内容を残し、贅肉となる教育内容を思い切って削ぎ落とすプロセスです。

この場合、学校の教育目標は、地域や児童生徒の特性と実態に即したものであることは言うまでもありません。何が贅肉で、何が贅肉でないか、その判断が学校リーダーやミドルリーダーの思案のしどころであり、腕の見せどころです。

間違ってはならないのは、教育課程のスリム化が、学校の個性を失わせることになってはならないということです。スリム化によって、むしろ、学校の個性が強調されるのでなくてはなりません。

この意味において、学校五日制時代のいまこそ、校長・教頭をはじめとする学校リーダーとミドルリーダーが、学校の進路をきめるかじとりをうまくやらねばならない時期なのです。

❹ 「特色ある教育課程づくり」をどう進めるか

1 教育課題を年間行事、週時程、校時表に反映

教育課程に特色をもたせることは、学校の教育課題を焦点化し、児童生徒を育てる方向を具体化するきわめて重要な教育活動です。

しかしながら、学校や家庭のあり方がさまざまに論議され、簡単に結論を出しにくい今日の社会において、学校の教育課題を絞り込み、具体化していくプロセスは平坦ではありません。

また、近年マスコミをにぎわすことの多い児童生徒の実態を把握することもまた、容易ならざる課題です。これらの課題を乗り越えて特色ある教育課程づくりを推進する学校は、いかにあればいいのでしょうか。

2　「特色ある教育課程づくり」に伴う二つの課題

教育課程づくりのためには、解決しなければならない基本的な課題が二つあります。

一つは、教育のあり方を吟味し具体化していく教育内容そのものに関わる課題です。ここでは、教育課程づくりの基本的な考え方や教育実践の具体的方策が検討される必要があります。

いま一つは、焦点化し具体化された教育内容をいかにして日々の教育実践に結びつけるかという、教育活動の推進手続きに関わる課題です。ここでは、教師集団の共通理解や教育実践の進め方が検討されます。

学校が、現代の子どもを取り巻くさまざまな教育課題に応え、真に児童生徒の発達を支援していく役割を担うためには、教員研修や協同作業を通して、これらの二つの課題が相互補完的に解決されることが必要です。

3　教育課題を焦点化し、教育内容を具体化するプロセス

学校の教育課題を焦点化し、教育内容を具体化していくには、次の視点が必要です。それは、「法の要請」「社会の要請」「児童生徒の実態」「個々の学校の歴史的あゆみ」の四視点です。

①法の要請と社会の要請

公教育を担う学校は、法に基づいて運営されます。一般の教員は、この意識が希薄ですが、教育課程編成においても「法の要請」に基づくことは言うまでもありません。学

校は国民の税金によって運営されているのです。

「社会の要請」については、今日ほど、教育のあり方が社会の話題になる時代はないと思われます。この意味で、先の教育課程審議会答申は、現代社会の教育課題を焦点化した一つの報告書といえます。

そこでは、

1　豊かな人間性や社会性、国際社会に生きる日本人としての自覚を育成すること
2　自ら学び、自ら考える力を育成すること
3　ゆとりのある教育活動を展開する中で、基礎・基本の確実な定着を図り、個性を生かす教育を充実すること
4　各学校が創意工夫を生かし特色ある教育を展開すること

の必要が述べられています。

各学校の教育課程編成にあたっては、こうした社会や時代の教育課題を的確に把握し、学校教育で取り組むべき課題を整理し、具体化していく作業が求められます。

② 児童生徒の実態

昨今の小・中学生の事件を見るにつけ、見えそうで見えていないのが児童生徒の実態です。私たち教師は、一体どのような手段や方法によって、子どもたちの生活や学習、また意識を把握しているのでしょうか。

授業中、休み時間、放課後などに行われる観察はもちろん重要ですが、それによって事足りるとしている現実はないでしょうか。また、自分が感じたことだけをもって児童生徒の実態だと思い込み、それによって教育的処方を見出そうとする誤りを犯してはいないでしょうか。

児童生徒への話しかけは実態把握の有効な手段となるでしょうし、保護者との懇談もまた有効にはたらくでしょう。しかし、大切なことは、こうして得た教育情報を他の教師と共有し、検討し合うことなのです。

児童生徒に対する自分の見方、感じ方を吟味し客観化していく取組みこそ、教育課程編成の大切なプロセスです。

学校においては、児童生徒、保護者、地域のようすなど、さまざまな情報交換をすることが大切ですが、教育課程編成に際して、児童生徒を対象にした「生活・学習実態調査」の結果を生かしている学校があります。

毎年、児童生徒の「生活・学習実態調査」を実施し、過年度と比較したり他学年と比較したりしながら、児童生徒の変化を分析、検討していくのです。

そこで得た結果は、教育課程編成の資料にするとともに、学校運営、学年運営、学級経営、教科経営にも活用されます。内容によっては、学校通信、学年・学級保護者会などで保護者に知らせ、学校への協力をお願いしたり、保護者として果たすべき役割を伝えたりします。

③個々の学校の歴史的あゆみ

学校には、それぞれ、校門を入ると感じる特有の空気があります。本来、すべての学校には、地域社会を背景にした独自の文化があるのです。

この自らの学校文化に目を向けることもまた、教育課程の編成において見逃せない視点です。

毎年、どの学校でもつくる学校要覧に、歴代校長の名前や施設・設備充実の記録が掲載されていることがあります。

しかし、教育課程づくりの視点から見た場合、時代や地域社会の変化に対応して展開してきた学校教育目標や教育内容の歴史的記録こそが、これからの学校が歩む方向を定める大切な資料です。

「温故知新」という言葉がありますが、これは、けっして児童生徒に与えるためだけの格言ではありません。「古いものを温めて、新しいあり方に気づく」という教えは、教師が新しい教育を求めるときに必要とされる教師自身の課題なのです。

4　年間行事、週時程、校時表に反映される教育課程の特色

焦点化された教育課題は、年間行事予定に反映させること、週時程に反映させること、一日の校時表に反映させることに分類されます。

①「年間行事」の特色づくり

かつて勤務していた学校では、教育課題を年間行事に反映させるため、豊かな人間関係をきずくいくつかの場を設けていました。

具体的には、「ふれあい」の場、生活・学習相談の場、各学年ごとに行う総合的学習

としてのフィールド学習の場、豊かな表現力を養う「話し方・聞き方」の学習の場、選択学習・総合的学習の成果を全校で共有する場、本物の芸術にふれ豊かな心を養う場などです。

これらは、全校的な「ふれあい」の場としての「歓迎遠足」「体育祭」「文化祭」、生活・学習相談の場としての「教育相談」、フィールド学習の場としての「但馬の旅」「史跡めぐり」「修学旅行」、表現力を養う場としての「話し方・聞き方」の学習、選択学習・総合的学習の成果を発表する場としての「選択学習・総合的学習発表会」「自由研究作品展示会」、本物の芸術にふれる「校外での鑑賞行事」などとして充実を図りました。

学校が実施する年間行事は、在校の児童生徒や保護者、また地域社会に対して学校の特色を知らしめるのによい機会です。

②「週時程」の特色づくり

週時程に反映させる教育課題としては、各教科の授業時数の設定、曜日によって特色をもたせる放課後の工夫、選択学習・総合的学習を充実させる時間どりの工夫などが考えられます。

各教科の授業時数については、学習指導要領の規定の範囲内で、学校としての重点を定めます。

放課後の活動については、曜日ごとに「部活動優先の日」「教科活動・自治活動優先の日」「選択教科優先の日」「学級・学年活動優先の日」などと、曜日に特色をもたせていました。

選択学習・総合的学習については木曜の午後をあて、放課後の時間とあわせることにより、活動時間を確保しやすくしました。

③「校時表」の特色づくり

校時表に生かす教育課題としては、学級としての「ふれあい」の時間の確保、深く考え創造性を養う読書の時間の確保、教科係と教科担任との打ち合わせ時間の確保などが挙げられます。

例えば、帰りの短学活には、連絡事項だけでなく、担任の話や学級の問題の話合い、歌・ゲームなどのメニューを組み込み、有意義で安らぎのある時間にするよう工夫しました。

朝の短学活には、全校一斉で「読書タイム」をとり、生徒も教師も自分の本を読む時間にしました。学校の全員が本を開き、静けさが広がる一時でした。

5　具体化された教育内容を教育実践に結びつけるプロセス

教育課程の内容もさることながら、具体化された教育内容を教師間で共通理解し、実践していく教育推進のプロセスもまた、それ以上に大切な課題です。

①　企画・運営委員会の充実

教育課程を実施に移すときには、学校という組織が動くのですから、企画・運営委員会の強いリーダーシップが必要です。企画・運営委員会のメンバーつまり学校ミドルリーダーにとって、ここが大切な出番です。

年度末には、どこの学校でも校務分掌ごとの教育評価が行われます。その際、教員からはさまざまな意見が出されますが、学校の運営にたずさわる学校リーダーとミドルリーダーは、これを全校的視野で適切に判断する目をもたなければなりません。

職員会議で、一人が大きな声で言ったことが、そのまま正しい意見や判断とはかぎらないからです。

学校の職員室では、ときどき、学校管理職でもない人が、最高責任者のような発言をすることがあります。そして、ときには、それが学校全体の意思決定になってしまうことがあります。生徒指導で荒れていた、かつての勤務校では、こういうことがよくありました。

「学校の常識は世間の非常識」の典型のような話ですが、これは常識・非常識などではなく、違法行為です。

さて、企画・運営委員会を構成する学校ミドルリーダーが歩調をそろえて教育の推進母体になることが、学校運営の最大の要です。ここで学校ミドルリーダーの不一致があると、教育推進はうまくいきません。

学校ミドルリーダーは学校管理職の意向をよく理解し、その具現化のために、他の教員に説明、助言をするのです。

もちろん、事前の打ち合わせだけでなく、推進途中にも、学校管理職と大小さまざまな報告、連絡、相談を行います。慣れないうちは、これは手間のかかることのように感じられますが、そうすることによって、うまくいかないとき、自分一人で悩まなくてもよくなります。

また、学校管理職や他の学校ミドルリーダーと相談することによって、自分では考えつかなかったよい知恵も湧いてきます。この意味で、はじめは手間のかかることのように思われた打ち合わせが、自分を救ってくれる貴重な時間へと変わってくれるのです。

これは、実際に学校ミドルリーダーを経験した者でないとわからない体験知です。

② 学年部会、教科部会の充実

職員会議で共通理解された教育課程は、学年部会、教科部会などの打ち合わせによって指導手続きや留意点が確認され、実施段階へと移ります。

これらの学年部会、教科部会の打ち合わせが建設的創造的に運営され、個々の教師の主体的な教育活動となったとき、特色ある教育課程は、ようやく花を開かせることになります。

学校ミドルリーダーは、この学年部会、教科部会をリードする大切な役割を受け持ちます。そこでは、自分の言葉で説明し、推進を図ります。教員が一致して教育課程を推進できるよう、部会の雰囲気や討議が、率直で建設的な話合いになるように心がけます。

ふつう、ここには校長・教頭の学校管理職はいませんので、学校ミドルリーダーの考え方や人柄が、部会の進行にそのまま反映します。

学校ミドルリーダーは、ことさら肩に力を入れることはありませんが、学校課題から目をそむけたり、他に責任を転嫁したりしてはなりません。また、教員の中にそうした空気が起こらないようにする役割も期待されているのです。

第6章

「総合的学習」を成功させる教育課程編成と運営

❶ 総合的学習推進の前に考えておくこと

1 「学習課題の設定」に関する意思決定

新学習指導要領では、「総合的な学習の時間」について、「各学校は、地域や学校、児童生徒の実態等に応じて、横断的・総合的な学習や児童生徒の興味・関心等に基づく学習など創意工夫を生かした教育活動を行うものとする」と規定されています。

そして、そのねらいは、

① 自ら課題を見付け、自ら学び、自ら考え、主体的に判断し、よりよく問題を解決する資質や能力を育てること

② 学び方やものの考え方を身に付け、問題の解決や探究活動に主体的、創造的に取り組む態度を育て、自己の生き方を考えることができるようにすること

とされています。

しかし、学校現場で行われている論議では、これらが拡大して解釈されたり、逆に、矮小化して解釈されたりしている場面をみかけます。

その一つは、総合的学習の課題設定に関する論議です。

総合的学習の課題は、新学習指導要領において、「例えば国際理解、情報、環境、福祉・健康などの横断的・総合的な課題、児童生徒の興味・関心に基づく課題、地域や学校の特色に応じた課題などについて、学校の実態に応じた学習活動を行うものとする」と示されています。

いまや流行語のようになっている「国際理解」「情報」「環境」「福祉・健康」は、例示された課題にすぎないのです。

ところが、小・中学校の学校現場では、これらの課題が独り歩きしています。総合的学習として取り上げる課題は、これらの課題に限定されるかのような主張によく出くわすのです。

たしかに、「国際理解」「情報」「環境」「福祉・健康」は現代社会の課題であり、児童生徒がこれらの課題について学習を深めることは意義深いことです。また、教師が課題を決めれば、総合的学習は円滑に始まるでしょう。

しかしながら、総合的学習の課題が児童生徒の意にそわない教師の強い誘導によって設定されたならば、子どもたちの生き生きとした主体的な学習活動が継続されることは難しくなります。

なぜなら、児童生徒の主体的な学びを重視するとき、「自ら課題を見つける」という児童生徒による課題の選択、設定が決定的に重要だからです。

この意味において、総合的学習では「大人の論理」によって子どもが好まない課題を強いることを避けなければなりません。そこでは、子ども自身の興味・関心が生かされる「子どもの論理」による課題選択が何より重要なのです。

もちろん、日常生活の中にある課題、住んでいる地域に関する課題などを、教師が子どもたちに例示することには意味があります。子どもが学習課題を選ぶときの視野は、どうしても狭くなりがちだからです。

しかし、その場合でも、課題選択、課題設定の決定は、できるだけ子ども自身に委ねることを忘れてはならないのです。それが、児童生徒が学ぶ意欲をもって、継続的安定的に総合的学習を進めるための何よりの推進力になります。

2　「学習のねらいと評価」に関する意思決定

総合的学習の運営で二番目に留意したいのは、そのねらいを、あくまでも問題を解決する資質や能力およびその態度の育成におくという点です。

総合的学習においては、児童生徒が追究した課題の水準や作品の出来ばえは、それぞれに異なっていてよいのです。子どもと子どもとの間に、優劣や順位をつける必要はありません。

総合的学習で大切なことは、自分で課題を見つけ、自分なりに工夫して追究し、自分なりに結論をまとめ振り返る学習のサイクルを通して、児童生徒が問題解決の方法や考え方を身につけたり、主体的創造的に取り組む面白さや満足感を実感したりすることなのです。

そのために、総合的学習の評価は、児童生徒間で比較する相対評価ではなく、個々の学習のあゆみや体験内容そのものに目を向けた体験目標を基軸とする絶対評価である必要があります。

ただ、ここで注意しなければならないのは、課題の水準や作品の出来ばえに優劣や順位をつけないということは、児童生徒の学習の優れたところを指摘したり、それを取り上げて、皆で共有することを否定するものではないという点です。

総合的学習のまとめとして行う発表会や作品の展示は、児童生徒の学習過程や学習成果の共有という意味において価値があります。

このため、総合的学習の評価においては、児童生徒の個人内でなされる個人内評価が大切な役割を果たします。個人内評価とは、ある一人の子どもの学習内容について、縦断的、横断的に評価する方法です。

例えば、前回の学習と比べて今回の学習ではどこがよくなったかという比較であり、課題の設定や調べ方に比べて学習成果のまとめ方はどうだったか、などを個人内で比較して評価することを意味します。

義務教育段階における総合的学習は、小学三年生から中学三年生まで計七年間にわたって行われる長期の学習です。学年が上がり指導者が代わっても、こうした評価の視点や軸が動くことがあってはならないのです。

3　「学習の支援」に関する意思決定

総合的学習で三番目に留意したいのは、体験的活動が中心の総合的学習では、学習支援の方向を間違えないようにしたいという点です。

総合的学習で児童生徒を支援する方向は、自然体験や社会体験、観察・実験、見学や調査、発表や討論、ものづくりや生産活動などの学習体験を拡張、充実させるものでありたいのです。

総合的学習では、教師が児童生徒に課題を与えたり、結論を教えたり、実験や調査を代わってやったりすることが期待されているのではありません。

そこでは、児童生徒が課題を見つけ、結論を導き、実験や調査を体験すること自体に意味があるのです。

教室で総合的学習が始まると、これまでの学習の仕方に慣れている子どもたちは、課題設定の相談、調べ方の相談、まとめ方の相談など、それぞれの段階で教師の支援を求めてくるでしょう。

このときこそ、主体的な総合的学習になるか、受動的な総合的学習になるかの分岐点です。

総合的学習は、支援する教師の側に、出るのではなく待つことを大切にするとはどのような教育手法なのか、教師が教えるのではなく気づかせるとはどのような教育手法なのかを、改めて問いかける学習でもあるのです。

学習環境の整備は、主要な学習支援の一つです。図書室、ワーキングスペース、情報機器など、施設、設備の充実は児童生徒の総合的学習を推進します。また、地域の人々の協力や地域の教材の発掘もまた必要な学習支援の一つです。

これらのハードウエアとソフトウエアを含めた学習環境の整備は、総合的学習を進めながら、必要度や緊急度に応じて段階を踏んで行います。

現在の小・中学校には、総合的学習を実施するための施設・設備がすべて整っているわけではありません。できるところから、できる範囲で行っていくというゆとりが、教師にも児童生徒にも必要です。

少なくとも、学校の施設・設備が不十分なことを、総合的学習ができない口実にしてはなりません。

児童生徒の体験的な学習を重視するということは、ボタン一つで、あるいは部屋に一歩入れば、欲しい資料が簡単に手に入ることを意味しているのではありません。また、ただ漫然と地域を歩いていれば、欲しい資料が簡単に手に入るわけでもありません。

大人の社会でも、何かの調査や探究をしようと思えば、一つの資料を手に入れるために足を使い、知恵を絞って手がかりを求めるのです。

児童生徒が総合的学習で経験する現実は、こうした現実の社会と遊離するものであってはなりません。児童生徒にとっては、簡単に手に入れた知識よりも、欲しい資料にたどり着くために体験的に生み出した知恵のほうが、はるかに意味のある生きた力になるのです。

一方、総合的学習で教師が指導性を発揮しなければならないのが、グループ学習や異年齢集団による学習など、学習集団の組織化と学習形態に関する事柄です。

この点において、児童生徒は限られた人生経験や知識だけで、多様な方法を思いつくことはできません。

総合的学習の展開は、個人学習、グループ学習、学級としての学習など、さまざまに工夫できますが、これは児童生徒の実態に応じて、教師の教育的判断を優先するのがよいのです。

学年・学級の一人ひとりの学ぶ力が育っていないのに、いきなり個人学習を強制するのは混乱を招くだけですし、混乱を怖れていつまでも個人学習が成立しないのは、児童生徒の自立を妨げます。

また、学年を越えた異年齢集団による学習は、児童生徒が思い浮かべる選択肢の中には入っていませんから、教師の側からアイデアを提示する必要があります。

この点、総合的学習の初期の段階ではどのような方法がいいのか、総合的学習に慣れてきた段階ではどのような方法がいいのかなど、学習段階によって適切な方法を選択する必要があります。

これらは学習課題の内容にも関係することですから、個人学習で効果が上がる学習課題、グループや学級単位の学習で効果が上がる学習課題など、教師の適切な助言が必要となります。

❷ 総合的学習を成功に導く具体的課題

1 学校教育目標と総合的学習の目標との関係

小・中学校において総合的学習を推進するとき、それが学校教育目標とどのように関係づけられるのかを明らかにしておく必要があります。

学校が意図的計画的に行う教育活動は教育課程の中に位置づけられますが、教育課程は、学校教育目標を達成するための枠組みにほかならないからです。

そのため、意図的計画的な教育活動としての総合的学習もまた、学校教育目標との関係を明らかにし、教育課程の中に位置づける必要があるのです。

このことにより、学校の教員は、総合的学習が目指す教育の方向が確認でき、同時に、指導の方法論を見出すことができます。また、それにふさわしい評価のあり方を考えることができます。

そのため、学校には、学校教育目標と同じように、総合的学習が目指す目標を具体的な子どもの姿として表現することが求められます。総合的学習の研究校では、目指す子ども像を明確にした目標の例として、「一人ひとりが自ら学ぶ力を育む」「自ら追求する子どもの育成」「自分らしい表現ができる子どもを育てる」などが挙げられています。

2　総合的学習を実施する枠組みと見通し

総合的学習は、わが国ではじめての試みであり、不安の声が多く聞かれます。

しかし、この現象は、かならずしもわが国の教師が新しい取組みに対して消極的という意味ではありません。やるからにはできるだけうまく導入したい。そのためには、どのような準備や心構えが必要だろうかという建設的な意味の不安もあるからです。

総合的学習を実施するためには、自分の学校ではどのような学習が可能だろうかという基本的枠組みと見通しについての共通理解が必要です。

例えば、文化祭で学級ごとにテーマについて調べて展示発表をした経験を生かしてみようとか、修学旅行を生徒が課題を見つけ調べまとめる学習に発展させてみよう、などをごく大ざっぱに決めます。

兵庫県の中学校では、二年生が行っている「トライやる・ウィーク」を総合的学習と関連させている学校もあります。

こうした意思決定は直観的で雑ぱくなように思えますが、総合的学習では、学校がそれまで行っていた教育活動を点検し、それを総合的学習に再構築する視点も必要です。また、総合的学習という新しい学習分野を開拓するとき、緻密さばかりを求めたのでは、児童生徒だけでなく教師の意欲も萎えてしまいます。

総合的学習は、まず「やりながら考えよう」と大らかに始めることが大切です。試行錯誤であっても、それが建設的なものであれば大きな過ちをすることは考えられません。

3　総合的学習における教師の支援

総合的学習における教師の役割を考えるとき、同時に、必修教科と選択教科における教師の役割について考える必要があります。

新学習指導要領で約三割削減された必修教科の内容は、国民として身につけるべき基礎・基本であり、これについて教師は、児童生徒の学習到達度を明確にして学習指導を進めねばなりません。

ここでは、教師が、「目標設定→教材選択→指導→評価」という学習指導のサイクルを明確にもっておく必要があります。

中学校の選択教科では「補充学習」「課題学習」「発展学習」が行われますが、これもまた、教師による「目標設定→教材選択→指導→評価」がその基盤になります。望ましい「発展学習」は、その上に成立するのです。

これに対して、総合的学習では、教師は指導ではなく支援という考えをより鮮明にもつ必要があります。

総合的学習では、子ども自身による「目標設定→資料探求→調査・実験等→まとめ→表現・発表」のサイクルが、その子どもなりのやり方やペースによって進められるよう支援するのです。

そのため、教師は子どもの目線に立って物事を見る必要が生まれます。また、教えることよりも、自分で発見させることを大切にしなければなりません。

同時に、総合的学習で取り上げる「国際理解」「情報」「環境」「福祉・健康」などの現代社会の課題については、児童生徒に教えるという姿勢よりも、社会に住む一人の大人として共に考えるという姿勢をもつことが大切です。

4　総合的学習の評価の方法

総合的学習の評価については、その趣旨からして、必修教科や選択教科などとは異なります。教育課程審議会の答申「児童生徒の学習と教育課程の実施状況の評価の在り方について」においても、

「学習の状況や成果などについて、児童生徒のよい点、学習に対する意欲や態度、進歩の状況などを踏まえて評価することが適当であり、数値的な評価をすることは適当ではない」

「この時間において行った『学習活動』を記述した上で、指導の目標や内容に基づいて定めた『観点』を記載し、それらの『観点』のうち、児童生徒の学習状況に顕著な事項

がある場合などにその特徴を記載するなど、児童生徒にどのような力が身に付いたかを文章で記述する『評価』の欄を設けることが適当である」とされています。

総合的学習の研究校の事例を見ると、児童生徒の学習記録をファイルして残す「ポートフォリオ評価」など、新しい評価の胎動が見られます。これは、児童生徒の学習の記録や作品をファイルにして保存し、それを後で行われる評価資料として活用しようとするものです。

これは、前述の個人内評価と関係の深い評価法ですが、「ポートフォリオ評価」では、学習者本人による評価、つまり自己評価の視点が大きな役割を担います。自分が残した記録やファイルをもとにして、自分で学習の跡を振り返る。これが「ポートフォリオ評価」の大切な視点です。

総合的学習の評価を充実させることは、とりもなおさず教師自身の今後の指導の方向性をより確かなものにすることです。今後、各学校における一層の研修と取組みが期待される分野です。

第７章

学校における教育研究の推進

❶ 教育研究推進で学校ミドルリーダーが果たす役割

学校全体の教育研究を推進しようとするとき、学校ミドルリーダーには大きな期待がかかります。

多くの学校では、研究推進部あるいは研究推進委員会などの名称の推進組織がつくられています。この部や委員会に所属するかどうかは別として、学校ミドルリーダーには、実質的な推進役が期待されます。

学校ミドルリーダーは、全国的な教育の流れや教育課題を自校の教育課題として正確にとらえる力があり、一方で、児童生徒の実態を的確に把握することができるからです。学校ミドルリーダーには、この両面の役割が期待されているのです。

さて、学校の教育研究の難しさと面白さは、個人ではなくティームで研究するところにあります。

たしかに、ティームによる研究は、テーマ決定や研究内容の設定など、個人でするよりも多くの時間とエネルギーを要します。しかしながら、ティームで研究することの利点は、個人研究にはない研究視野の広さが生まれることです。

また、ティームで研究を行うことによって、児童生徒をより多面的に把握することができ、指導のアイデアも豊富に生まれます。

1　学校の教育研究テーマの発見

いかなる研究においても、研究テーマの発見が最初の大きな仕事になります。研究テーマが正しく設定できれば、研究の半分は成功したようなものです。

学校の教育研究においても、この研究テーマの発見が意外に難しいのです。児童生徒の周りには多すぎるほどの課題が並んでいますし、研究テーマによって研究内容や成果が、ある程度予測できるからです。

そのため、学校管理職と教員が時間をかけて知恵を出し合い、自分たちが求めている教育課題を過不足なく表現している言葉を見つけることが必要です。

研究テーマを発見しようとする際に、まず目を向けなければならないのが児童生徒の実態です。目前の子どもをよく観察していると、かならずいくつかの課題が見えてきます。これを教員で出し合って、集約していくのです。

第二の視点は、教育の今日的課題です。これは、ふだんから教育書、テレビ、新聞などに目をやっていると自然に明らかになります。

第三の視点は、当該学校の教育研究の歩みです。学校の教育研究は、単なる思いつきであってはなりません。それまでの教員が行った教育研究の成果をたずね、それを理解し発展させようとする姿勢が大切です。

2　協同研究の体制づくり

学校の教育研究が効果的に推進されるためには、協同研究の体制づくりが大きな役割を果たします。

学校管理職の抱く教育課題をよく理解した研究推進委員の長と、それを補佐し、全校的推進を図る複数の研究推進委員が必要になります。

研究推進委員は、定期的に委員会をもち、学校管理職との連絡を密にしながら、研究計画、研究内容、研究方法、校内研究会での提案事項などを検討します。

校内研究会では、研究推進委員会から出される提案と、学年部会、教科部会などの部会から出される提案を研究・討議します。

学校の教育研究が活性化するために大切なことは、研究推進委員会からの提案だけでなく、学年部会、教科部会など、各部会からの積極的な提案がなされることです。

各部会からの提案のない校内研究会は、とかく研究推進委員以外のメンバーが受け身的な参加になりやすく、生産的創造的な研究会になりません。

3　全体研究と部会研究の同時進行

学校の教育研究で研究推進担当の教員が頭を痛めるのが、一般教員から出される「研究テーマがよくわからない」「研究内容が難しい」「どうして進めればよいかわからない」という声です。

教育の専門家である先生方が集まった教育研究の場で、こうした声が臆面もなく出されるのは、一般社会の人から見れば驚くべきことですが、これが日本の学校の実態です。率直に発言するという観点からすれば、これも許されるのかもしれませんが、世間から見れば非常識な話です。

こうした事態に際して、研究推進委員だけが、ひたすら理解を求めて平身低頭するという姿は、正常ではありません。「理解できない」「わからない」「難しい」ことの責任の半分は、提案する研究推進委員のほうにありますが、あとの半分は、提案を受ける側の教員にあります。

こうした事態に対応するには、研究テーマの大まかな方向性が決まったら、全体の研究推進と各部会ごとの研究推進とを並行して進めるのが適切です。

ここでは、部会研究が進まないのを全体研究のせいにしてはなりませんし、また全体研究が進まないのを部会責任にしてはなりません。

全体研究と部会研究が、共に知恵を出し合い、補い合って研究を推進する教員の態度こそが、児童生徒に還元されるよい成果を出しうるのです。学校ミドルリーダーには、この調整役が期待されるのです。

4　教育研究を深化させるステップ

全体研究と各部会研究の方向性が定まったら、教育研究はいよいよ佳境に入ります。学校の教育研究では、次に挙げる四つのステップで研究内容を深化させます。

〈ステップ1〉

第1のステップは、「研究テーマについての問題意識を明確にする」ことです。ここでは、その研究が、子どもの学習・生活場面における何を問題にしているのかを突き詰めます。

例えば、新しい学力観で強調される「社会の変化に主体的に対応できる能力」のうちで、児童生徒が考え行動していく過程で必要となる「選択する力」「まとめる力」「情報処理能力」に問題意識をもち、それを研究の焦点にする、などを決定します。

〈ステップ2〉

第2のステップは、「研究によって育てたい能力や態度を明らかにする」ことです。ここでは、教育研究の目標を、児童生徒の能力や態度で表現することが必要になります。

例えば、「判断力の育成」を研究テーマにした場合には、

・先を見通して学習を進めることのできる子
・自分に合った学び方を見分けることのできる子
・自分に合った学び方を活用することのできる子
・自分を振り返ることのできる子

などの目標で表現することができます。

〈ステップ3〉

第3のステップは、「先行研究と対比させる」ことです。

ここでは、その研究テーマが、これまでどのように研究されてきたかを調べます。

そのために、自分の学校だけではなく、他校の研究紀要や書物などによって、成果や課題などを明らかにします。

5　教育実践に結びつけるステップ

学校の教育研究は、教育実践へと結びつかなければ意味をなしません。絵に描いた餅であってはならないのです。

全体研究や各部会で検討した研究内容を教育実践に結びつけるためには、少なくとも次の三観点からの検討が必要です。

1　指導目標あるいは仮説を明確にすること

2　学習内容、指導内容を具体化すること

3　評価内容を具体化すること

そして、教員全員が研究授業をする意気込みをもち、互いに苦労や楽しさを分かち合いながら研究を深めていきます。

校内研究会では、全体研究や部会研究から出された提案をさらによいものにするよう、建設的で率直な討議を行うよう努めます。

こうした教育研究のプロセスがティームワークよく進められたとき、学校の教育研究が児童生徒の成長へとつながっていきます。

❷ 「研究紀要づくり」の校内体制

教師にとって、研究論文を書くことほど自己の教育実践を振り返るのに有効な手段はありません。学校もこれと同様で、教育内容を見直し、新たな学校教育の理念を構築し実践するとき、研究紀要づくりを欠かすことはできません。

研究紀要をつくることの最大の意味は、教育についての考え方を文字によって表現することです。これによって、漠然としていた考え方や教育観を、他人に伝わるように明示することができます。

わが国の学校教育には、この部分が欠けていました。二十一世紀は、学校のアカウンタビリティ、つまり説明責任が問われる時代になりますから、これからの学校教員には避けて通れない課題なのです。

学校の研究紀要づくりで心がけたいことは、文字による表現だけに頼らないということとです。読み手の視覚的理解を助ける意味で、考え方の要点を図で表します。

「わかりやすい言葉遣い」と「図示」、これが読みやすい研究紀要づくりのポイントです。

1　「研究紀要づくり」の要は、研究推進委員の強い指導力

研究推進委員は、校内研究の推進役であると同時に、研究紀要の編集者でもあります。

読まれる研究紀要づくりのためには、まず研究推進委員会が、学校管理職と相談の上で、どのような研究紀要をつくろうとするのかを明確にイメージすることから始めます。

その際、自分流に研究紀要の内容や体裁を決めるのではなく、他校や先進校のモデルに学ぶのが間違いのないやり方です。

そして、総ページ数、総論・各部会編のページ数、各部会共通の大見出し、行数・文字数、使用語句、漢字・平仮名の使い分け、図版使用の指示など、新聞の編集長になったつもりで全体に指示します。

読みやすい研究紀要づくりのためには、研究推進委員が自ら学ぶことと、それを基に

した全体への指導力が何よりも重要です。

2 校内研究会は「研究紀要づくり」の一里塚

研究紀要づくりは、原稿用紙を渡すときに始まるのではありません。一年間かけて行われる校内研究会は、すべて研究紀要をつくっている時間なのです。

まず、研究推進委員会が提案する研究テーマと総論は、「児童生徒の実態」「教育の今日的課題」「学校の研究の歩み」の三視点から導かれねばなりません。研究紀要では、それらをできるだけ平易な語句によって表現します。

研究推進委員が提案する新しい教育理念と実践のための基本的な考え方、これが、教育研究の心臓部です。提案の際には、文字による表現だけでなく、構想の核心部を図示することを心がけます。

校内研究会では、総論を検討するとき、黙読するだけでなく、ポイントごとに音読することも有効です。提案のレジメを数日前に配布しておき、校内研究会で部分的に音読して討議する方法もあります。

総論の検討で心得ておきたいのは、討議が不十分ではいけないが、総論の検討ばかりに時間を費やしてはならないということです。なぜなら、学校の研究紀要でまとめようとしているのは、机上プランを作成するためではなく、日々の教育実践を基にして日々の教育実践に直接役立つことを明らかにするためだからです。

そのために、学校の教育研究では、絶えず教科や学年ごとの各論に戻り、そこから総論を最構築し、肉づけすることを忘れてはなりません。総論が行き詰まったら、いったん総論から離れ、各論から打開の道を探るのがよい方法です。これは、教育現場だからできる校内研究の強みです。

校内研究を推進するリーダーとそれを支えるメンバーは、いつも「総論と各論との相互作用」を念頭において研究を推進するのです。

3　教科編を充実させるのは、他教科からの指摘

創造的な仕事というのは、短く言えば、既成のやり方や考え方から脱皮する作業にほかなりません。創造的な教育研究も、既成の教育からいかに脱皮できるかが問われます。

ここで気をつけたいのは、既成の教育から脱皮するということは、既成の教育から目を離すことではないということです。もし、既成の教育から目を離すのであれば、それは創造的な教育研究などではなく、単なる思いつきの教育研究です。

創造的な教育研究とは、「思いつき」の教育研究ではなく、それまでの教育の歩みに根ざした「ひらめき」の教育研究なのです。「思いつき」と「ひらめき」とは、古きものに対する姿勢において、まったく別物です。

各教科編や各部会編を充実させるためには、各教科や各部会の構想や実践を全体討議の場にさらすのがよい方法です。そして、自分の教科や部会だけでなく、他教科や他部会の目から見た率直な意見をいただくのがよいのです。そのため、年に何回か行われる校内研究会で、すべての教科や部会が一度は全体の場で提案をするよう計画します。

ときどき、校内研究会で、他教科や他部会の提案に対して、「自分は専門でないからよくわからない」「教科の特性があって何とも言えない」などの発言を耳にすることがありますが、それは、教育研究の進展を妨げる発言以外の何物でもありません。もちろん、他教科や他部会を思いやった謙虚な発言などではありません。

創造的な研究とは、既成のやり方や考え方からいかに脱皮できるかです。その際、自分の教科よりも他教科からの助言、つまり「異質なものとの遭遇」が大切なのです。この意味では、校内研究では、他教科や他部会からの「思いつき」の発言が大いになされてよいのです。言うまでもなく、他教科からの「思いつき」の発言を「ひらめき」に再構成するのは当該教科担任の仕事です。

4　総論を充実させるための校内体制

研究紀要の原稿用紙が渡され執筆要領が示されると、研究紀要づくりは佳境に入ります。ここでは、それまでの校内研究会で提案、討議したことを基にして原稿を書きます。このとき、もし、それまでに一度も素案もつくらず提案もしていなかったとしたら、原稿書きに余程慣れた人でも辛い仕事になってしまいます。校内研究会での提案作業が、ここで生きてくるのです。

もちろん、それは全体研究の総論とて同様です。そのため、総論の検討は、内容を全員のものにするために全体で行います。質問や意見など、内容や語句表現に至るまで何でも発言します。

時間の足りないところは、全員でコピー原稿に朱を入れ、回収します。このとき、代案が示されていると建設的な助言となります。

5　教科編、部会編を充実させるための校内体制

教科編、部会編の検討のためには、教科編、部会編を全体討議にかけることは物理的に難しいので、グループに分かれ、一人が三、四教科をみるようにします。このとき、どのグループにも研究推進委員がいるように割り当てます。

方法は、教員を三グループに分けるならば、原稿を三部コピーして各グループに渡し、グループごとに一教科あたり三、四人の目が通るようにします。

その際、コピーした原稿の上に、自由記述ができる用紙を一枚添付し、点検者の意見や疑問などを書きます。訂正や不明点などは、コピー原稿中に直接朱書きします。

いずれにしても、最終的な判断は執筆者がすればよいのですから、感じたことや気づいたことなどが遠慮なく書けるのが、優れた教師集団です。

グループごとの検討では、教員一人ひとりが数点の原稿を読んだ後、グループの全員が原稿を読んで、感じたことを述べ合います。研究推進委員はこれをまとめます。大切な問題は、後で時間をとって、全体あるいは研究推進委員会で検討します。

グループごとの原稿検討が終わり、意見や反省がまとめられたら、研究推進委員がそれを持ち寄り、研究推進委員会としてどのように対応するかを協議します。研究推進委員会として結論が出せるところは、早急に結論を出し、全体で統一を図るところは、後で全体討議にかけます。

6　研究推進委員会の指導と二稿、三稿づくり

研究推進委員は、グループごとの原稿検討結果を集約し、研究推進委員会としての見解をまとめた上で、各教科に原稿を返し、指導します。

漢字や送り仮名などの修正だけでなく、差別的な表現や誤った表現、一面的な解釈になっていないかなど、公になる研究紀要が誤解を招かぬよう細部まで注意を払って検討

し、その結果を各教科に伝えます。

指導を受ける教科の側では、謙虚に指導に耳を傾けると同時に、鵜呑みにするのではなく、担当の立場から改めて吟味する必要があります。そして、研究推進委員や他の教員の助言をていねいに読み返し、二稿、三稿と推敲を重ねます。

7　原稿完成から印刷、製本まで

研究紀要づくりの最終段階は、原稿を印刷所へ出すこと、二、三度の校正をすること、その間の対外交渉をすることです。

実際には、研究紀要をつくるための内部日程は、この印刷業者の納品日から逆算して作成します。具体的には、納品日、校正の日（数度）、入稿の日、業者入札の日、完全原稿作成の日、二・三稿提出の日、初稿提出の日など、ゆとりをもって決めます。

研究紀要づくりの終盤は、どうしても時間との戦いになります。そのため、内部的には提出日をかならず守るよう教員を指導しておきます。印刷業者との交渉にあたっては、余裕をもった日程を作成することを心がける必要があります。

第8章

これからの学校教育の課題
―学級崩壊と豊かな心への対策―

❶ 時代の流れに伴う、子どもの変化への対応

最近のことですが、知り合いの小学校長が、「いまごろの小学生は、校長室に入って来て、『校長先生、マスコミに言ってもいいんですか』なんて言うんですよ」と聞かせてくれました。

「言うなら言ってみなさい。マスコミがこんなこと取り上げると思ってるんですか」と一喝したら何も言わなくなったそうですが、ふと、児童殺傷事件で、中学生が「人を殺しても、自分の年齢なら罪にならないと知っていた」と話した新聞記事を思い出しました。

いずれも、最近の学級崩壊や子どもの実態を象徴する、何やら気味の悪い話です。子どもが自分の思いを素直に表現するのではなく、大人社会のある種のいやらしさを吹き込まれ、相手を見て脅そうとする。

私たちが従来の子ども観や教育観のままでいると、とんでもない見当違いをすることになる。そんなことを予感させる話でした。

同様に、かつての小学校低学年では考えられなかった学級崩壊や、ここにきて急速に現実味を帯びてきた学校選択の自由化もまた、教員が意識変革を迫られる教育課題となっています。

新教育課程で強調される「社会の変化に対応する力」が必要なのは、小・中学校で教えられる児童生徒の側ではなく、教える側の教師だといえるのです。

❷ 小学校学級担任制の限界

1　「担任の当たり外れ」問題

学級崩壊が社会的問題になるずっと以前から、小学校では、「担任の当たり外れ」が保護者の間で問題になっていました。

学校教育現場に長年在籍した経験から言えば、教育委員会も学校管理職も、それぞれにできうるかぎりの必要な対策を講じていますが、世に示す公式見解としては「厳正な採用試験を通過した優秀な教員ばかりだから、当たり外れはない」としか言いようがないのです。

お役所的な回答と思う人がいるかもしれませんが、だれでも、その立場になればそれしか言いようがなく、もともと、それ以上の公式見解を引き出そうとするほうが無理なのです。

実のところ、学級崩壊は、担任の当たり外れ問題とも微妙に絡んだ、根の深い小学校の教育問題です。そのおもな原因は、わずか八メートル四方の教室の中で三十〜四十人の子どもたちが四六時中、一人の教師と顔をつきあわせていることにあります。

実の親子であっても、朝から晩まで毎日一緒にいたのでは、お互いにわがままの一つも言いたくなります。人の心理としては、それが普通なのです。

また、一つの部屋に三十人も四十人もが一緒に生活すれば、どことなく波長が合いにくい人もいれば、波長が合いやすい人もいるのです。

また、学校の教師とて人間ですから、体調や気分がいい日もあれば、悪い日もあるのです。もちろん、職業として勤務しているのですから公私混同はできませんし、余程のことでもなければ、それらを表には出すことはしませんが、子どもはそれらを敏感に感じ取る豊かな感受性をもっています。

考えてみれば、これだけ個性を尊重する世の中において、一人分の個性しかもたない学級担任と一年間ずっとつきあうのは、結果として、子どもの多様な個性を伸ばさないことになりがちです。

このことは、学校の教師だけが考えるのではなく、一般社会の人たちもまた一度考えてみるべきことなのです。

2　「子どもを育てる」ということ

いまの社会は、子どもをいつまでも幼児扱いしすぎています。子どもを幼児扱いするとどうなるか。結果は、すぐに退行現象となって現れます。いい例が、四月の中学一年生です。

小学校の学校参観や卒業式で見かけたキリリとした六年生が、中学に入ると、いきなり幼児化してしまいます。中学二、三年生の弟妹扱いされて、あのりりしい最上級生ぶりはどこへいってしまったのかと思われるほどの変貌ぶりです。

これは、当人の問題というより、むしろ中学校教師の責任です。

こう話しますと、「中学校のようすがよくわかっていない子どもがかわいそうだ」とか「子どもの立場に立って考えるべき」とかの、もっともらしい意見が出されますが、子どもをいつまでも幼児扱いすることのほうが、よほどかわいそうです。

3　中学校の教科担任制に学ぶ

日本の社会を一つの大きな教育機関として見たとき、子どもの幼児扱いによく似た現象があちこちに見られます。

小学校高学年においては、きめ細かな観察、保護をしつつ、児童がたくましく自主的、自律的に生きる教育のあり方を考える必要があります。とりわけ、一教師の独りよがりの学級経営になったり、一教師に過度に依存する教科経営になったりしてはならないのです。

学校崩壊で悩む小学校の教員は、いま、昭和五十年代に激しい校内暴力の嵐を経験した中学校教員に、教科担任制と学級経営、生徒指導に求められる教員の指導体制の実際を謙虚に学ぶ必要があります。

学校選択の自由化が現実になってくると、これまで教師の論理だけで進めてきた学級担任制や教科担任制の是非を、住民の側が判断することになります。二十一世紀に入り、学校教育には、机上の論議ではなく地域住民の率直な評価を受ける、真に学校を開く教育実践が求められているのです。

❸ 小学校教科担任制の可能性と課題

1　中学校の教科担任制でいいのか

小学校の教育システムを見直す必要があるからといって、小学校で導入される教科担任制が、現在の中学校で行われている教科担任制と同じでいいかとなると、少々疑問が残ります。

なぜなら、現在の中学校の教科担任制では、明らかに学級担任の生徒に目が行き届かない部分ができるからです。

現在の教科担任制の場合には、中学校の学級担任は、日によっては、一度も自分の学級の授業をしないことがあります。授業中の学級生徒のようすをまったく見ることなく、一日が終わってしまう場合もあるのです。

小学校の低中学年において、この事態は好ましくありません。小学校の教科担任制は、ここのところが大切な検討課題です。

2　学級経営の視点から

児童一人ひとりに目をやるという観点だけから言えば、中学校の教科担任制よりも、現行の小学校学級担任制のほうに利点があります。しかし、現行の小学校学級担任制は、学級の児童に対して、一人の教師の目でしか見ない弊害もまた併せもちます。

個人の価値観や保護者の要求がこれだけ多様化している状況の中で、この方法だけをよしとするわけにはいきません。

これからの学校教育では、学級経営においても、二人以上の教師が児童を観察する複眼性と、複数の教師で児童を保護し支援していく協同性が求められるのです。

3　教科経営の視点から

一人の教師がすべての教科を教える現行の小学校学級担任方式は、教材研究、授業準備の面でも限界があります。一人の教師がすべての教科を教えることによって、教科間の指導の軽重が生まれやすくなります。

一般論になりますが、小学校においては、もっと教科の専門性ということが問われてよいと思います。いまや公立学校教員の職業的ライバルともいえる学習塾講師の場合には、その専門性が厳しく問われています。

少なくとも、地域住民は、公立学校教員と学習塾講師を比べながら自分の子どもの教育を考えているのです。

この意味において、小学校の教科担任制は地域住民の願うところであり、学校選択の自由化が飛躍的に拡大するであろうと思われる二十一世紀においては、教科指導のいっそうの充実を図る必要があるのです。

4　児童保護と支援の視点から

小学校教育においては児童を複眼的に観察し、協同体制で保護し支援する必要があることと、教科指導のさらなる充実を図る必要があることを勘案すると、導入される小学校の教科担任制については、いくつかの教科において部分的に行われるのが賢明なやり方です。

そして、この複眼的な観察と協同的な保護、支援を、学級経営におけるティーム・ティーチングとしても位置づけます。

具体的には、主となる学級担任を複数で配置し、加えて、学年の教師集団が総がかりの協同体制で教科経営、学級経営にあたるのが現実的な方法であると思われます。

これについては、学校管理職の明確な問題意識と教育委員会の強力な学校への支援が重要な課題になります。

❹「人間関係力（人と関わる力）」を高める学校教育

1　「人間関係力」を弱める現代の子ども

現在の日本社会を象徴する言葉に「高齢化」「国際化」「情報化」があります。たしかに、平均寿命は高くなり、町には外国製品があふれています。ＩＴ革命と言われるように、家庭、学校、企業におけるコンピュータの普及には目を見張るものがあります。ただ、小・中学校の子どもたちに目をやると、「少子化」という現代の社会特性もまた浮かび上がってきます。なるほど、「少子化」の名のごとく、学校で三人以上の兄弟関係がある児童生徒を見かけることは少なくなりました。

少子家庭の一般的な特徴は、家庭での人間関係が、比較的平穏に進行するという点です。そこでの人間関係は、大人対子ども、すなわち保護する者と保護される者に明確に二分されます。

保護する親の側は、もっぱら与え、守り、注目する役割を受け持ちます。一方、保護される子どもの側は、与えられ、守られ、注目される立場に終始します。

これが子どもの教育の視点から問題となるのは、自らたくましく生きる力を育むために必要な、人間と人間との間に生まれる葛藤あるいは苦難や歓びを共有する経験が、大幅に欠落するという点です。

子どもが、いつも与えられ、守られ、注目される存在であるかぎり、自ら積極的に環境に働きかける動的生命力は養われないのです。

親の過保護、過干渉は、少子家庭の陥りやすい傾向です。それによって、子どもは社会的自立を遅らせ、自我の確立を妨げられるのです。同時に、自ら主体的に学ぶ意欲や態度の形成を阻害されます。

子どもは、同世代の子どもと共に遊び、共に学び、共に働くことを通して、生きる意志、生きる力、生きる技を身につけていくのです。

それは、同時に、学ぶ力や学び方を習得していく過程でもあります。仲間とのケンカによって孤立感を味わったり、仲直りによって連帯感を味わったりする同世代間の生活の営みが、人が人として成長するための糧となるのです。

また、疑問を出し合ったり意見を戦わせたりする学習の営みが、物事を多角的に見たり柔軟に考えたりすることのできる基盤になるのです。ここに、少子化社会における学校教育の重要な役割があります。

もちろん、子どもを取り巻く環境には、人的環境のみならず、自然環境、物的環境がありま す。少子化社会の子どもたちは、人的環境への動的な関わりの弱さと同じように、自然環境、物的環境への関わりの脆弱さをみせています。

この点は、人類が地球的規模の意識や行動様式を求められる二十一世紀を目前にして、学校教育が課題とすべきことなのです。

ただ、教育の当事者が留意しなければならないことは、子どもたちの自然環境や物的環境への関わりの脆弱さは、とりもなおさず人的環境への関わりの脆弱さ、つまり人間関係力の低下から派生した二次的要因ではないかと思われる点です。

学校が、まず人と人との関わりを強める役割を積極的に担い、それを核にして自然環境、物的環境への関わりを強める人間の育成に努めるならば、来るべき二十一世紀社会には輝かしい展望が開けるであろうと思います。

2　「人間関係力」を高める教育課程の編成

少子化社会の子どもたちは、親の過保護、過干渉によって、自立心の欠如、社会性のなさ、忍耐力のなさ、思いやりの欠如、表現のまずさなどの傾向が強くなると予想されます。

ここで学校に求められるのは、こうした少子化という現代の社会現象をいたずらに悔やむのではなく、小・中学校の教育課程において、その対策を講じることです。

少子化社会の子どもたちには、体験の不足、友達との関わり方の無知、コミュニケーションに対する無関心、集団的な創造性の欠如、地域社会の一員としての自覚の欠如、責任感の希薄さ、向上心の希薄さ、受け身的傍観的な生活、依頼心の強さ、感情の起伏の大きさ、感謝や思いやりの欠如、自然とのつきあい方の無知、環境に対する無関心、社会事象への無関心、環境に対する忍耐力の低さ、勤労や奉仕精神の欠如、主体的に学ぶ意欲の欠如、などが挙げられています。

これらの項目の中には、広く家庭教育、社会教育に起因するものもたくさんありますが、教育課程を編成する上で浮上してくる課題は、「人と関わる力」をコア（核）とした以下の五項目です。

①　人と相互に関わる喜びと人と関わる力を高めること

②　自然環境や身近な生活環境への関心と関わる力を高めること

③　ＩＴを活用した情報収集および情報処理の能力を高めること

④　自己本位の表現から相手とのコミュニケーションを尊重した表現に高めること

⑤　地球規模で物事を見つめる広い視野と総合的判断力を養うこと

二十一世紀の日本の小・中学校では、こうした学校教育の視点をもちつつ、それを教育課程の中で具現化したいものです。

⑤ 学校教育に求められる言語環境づくり

戦後の学校教育で改めたいことの一つに、言語環境の問題があります。とくに、中学校において「言語環境の整備」の必要が感じられます。

この場合、まず問題となるのは、生徒ではなく教師の側です。生徒の言葉は、教師の言葉が変われば、自然に変わってきます。学校における言語環境づくりは、児童生徒より、まずもって教師自身の課題なのです。

社会では大きく取り上げられていないのですが、新学習指導要領でも、この言語環境の問題が取り上げられています。その「総則」には、「学校生活全体を通して、言語に対する関心や理解を深め、言語環境を整え、児童・生徒の言語活動が適正に行われるようにすること」と明記されています。

教育の識者や報道機関は、総合的学習や選択教科など、その一部だけを取り上げないで、新教育課程の全体によく目を通し、どういう改善が図られようとしているのか、国民がどこで心を合わせる必要があるのかを建設的に提案する必要があります。

1　きれいな言葉という言語環境

一度、企業人に点検・評価をお願いしたいほど、日本の学校、とりわけ中学校における言葉遣いは乱れています。

教師がこうした乱暴な言葉を使うようになったのは、一体いつのころからなのでしょうか。一般社会では到底通用しない言葉が、学校では日常語である場合さえあります。よく、小・中学生の乱暴な言葉遣いが話題になりますが、これは言葉遣いに対する教師の無頓着さの反映です。

学校教育の刷新は、まずこのことから始めなければなりません。その上で、児童生徒や保護者にも、きれいな言葉遣いでコミュニケーションするように求めたいのです。

学校管理職として保護者の苦情や苦言を聞く場合においても、その内容より、その言葉遣いのほうに閉口します。学校は、多くの児童生徒をあずかっているのですから、苦情や苦言が生じるのはむしろ当たり前なのです。地域や保護者の側も、感じることは率直に話せばいいのです。

大切なことは、学校管理職の側に、それをていねいに聞き、問題があれば対策を講じるという姿勢があるかどうかです。

近年の社会現象として、苦情や苦言が、しばしば暴言や脅しになってしまう傾向があります。これでは、話を聞く側も感情的になってしまいます。

子どもたちの安全と教育をあずかる学校には、生じた問題を、教師、保護者、地域住民の皆が知恵を出し合って解決していく協力性と創造性が求められているのです。

2　論理的な言葉という言語環境

「言語環境」は、言葉の美しさだけですむものではありません。近年、直観的思考と右脳の役割が強調されていますが、現代の子どもたちに欠けるのは、むしろ論理的な思考です。

近年の青少年に短絡的な行動が多いのも、こうした傾向と無関係ではありません。教育者は、医学上の新発見と当面の教育課題とを混同してはならないのです。

子どもたちの論理的思考力を育てるのは、まずもって、教師の論理的な話しかけと問いかけです。教師の筋道立った話を聞いて、子どもたちは、論理的に考える態度と方法とを身につけます。

その効果が顕著にあらわれるのが授業です。授業中に教師が行う説明や発問は、学習を方向づけ、焦点化させるだけでなく、この意味においても重要な意味をもつのです。

二十一世紀の学校教育では、学習者と指導者が気持ちのよい論理的な言葉で対話する授業を成立させたいものです。

❻「生きる力」としての言葉

新学習指導要領では、「生きる力」が取り上げられています。

「生きる力」に欠かせないのが、他と関わる力です。この「他と関わる」の中には、人に関わることと、事物に関わることの両面があります。子どもの教育には、この二つの側面が必要です。

1　事物と関わって学ぶ授業

児童生徒は自ら主体的に学ぶことによって、その能力を最も高めます。授業では、児童生徒が受け身ではなく、事物に対して主体的、能動的に関わる学習が組織されなければなりません。

子どもたちが、直接手を触れたり、体を動かして調べたり、確かめたりする学習が求められるのです。

バーチャル・リアリティ（仮想現実）ではない実体験や社会事象と直接的に関わり合う学習が、子どもの内なる興味・関心を呼び起こし、それが学習の動機づけとなって働き、「生きる力」の源となっていくのです。

小・中学校の授業は、児童生徒が実際に見たり、触れたり、体験したりするものでなければ、知的好奇心や効力感を生み出す学習活動にはならないのです。

2　人と関わって学ぶ授業

二十一世紀の授業では、児童生徒一人ひとりの個性ということがより強調されるでしょう。そして、個別的学習の比重がいっそう増してくるであろうと予想されます。

しかしながら、「生きる力」で求められるのは、むしろ人と関わる力なのです。この意味で、児童生徒が友達と話し合ったり、作り上げたり、分かち合ったりする学習体験がより重要な意味をもってきます。

そこでは体験や達成の喜びだけでなく、意見のぶつかり合いや軋轢もまた経験するでしょう。それもまた、児童生徒に、人として乗り越えさせたい学習課題なのです。

遠回りのようですが、人はこうした人間的ふれあいを通して、共に生きる力を養い、家庭や地域社会、そして国の構成者としての自覚を育んでいくのです。

3　「言語環境」と「関わる力」の重要性

授業づくりは、豊かな心を育てる教育と無関係ではありません。戦後半世紀が経過し、子どもたちの荒れた心が問題になる今日、改めてこのことを考える必要があると思われます。

新学習指導要領では、二十一世紀の授業が、「国際理解」「情報」「環境」「福祉・健康」などの横断的・総合的な学習によって特長づけられることが明確になりました。しかし、「児童生徒の人間として調和のとれた育成」を考えるとき、学校が取り上げるべき教育課題は、これだけでは不十分です。

例えば、国立大学附属学校に在職中に、痛ましい阪神大震災を経験しました。このとき、生徒も教師も心を乱したのですが、表面的には、それは言葉の乱れとなって現れました。学校内に、粗野で乱暴な言葉が舞ったのです。

しかし、「心は言葉をつくり、言葉は心をつくる」を重要な教育命題と確認し、教員と生徒が言葉を大切にする教育に取り組みました。その結果、月日の経過とともに、人を育てるにふさわしい言語環境がよみがえってきました。

それに呼応するように、学校全体に明るく自主的な雰囲気がよみがえりました。まさに、「豊かな心は豊かな言葉を育み、豊かな言葉は豊かな心を育む」ことを実感しました。

二十一世紀の学校においては、児童生徒の健全な発達を支える言語環境を整えるために、まずもって教師自身が、望ましい言語環境の創造者でありたいのです。

❼ 学校選択自由化の今日的意味

1　学校選択自由化と構成的競争の必要性

学校選択の自由化は、本来的には、バウチャー制度を意味します。教育当局が親に必要な学校教育経費を保証し「証票」を交付する。親は選択した学校（公立又は私立校）にこれを提出し、そこで教育を受けさせるという制度です。

当然、十分な数の児童生徒が集まらない学校は閉鎖されることになり、学校間に競争と自由市場原理が導入されます。学校がいたずらに競争に走るのは好ましくありませんが、国公立の小・中学校に長年勤めた経験から言えば、構成的な学校間競争、教師間競争を否定している現在の学校風土は改めねばなりません。

私立学校は、すでに、この趣旨で運営されていますし、公立学校が時代の教育課題に迅速に対応することにも道が開かれます。

2　「特色ある学校づくり」の条件

新教育課程では「特色ある学校づくり」が盛んに強調されていますが、いまだに「公立の学校に特色なんて必要なんですか」などという、時代錯誤甚だしい声が教員の中から出てくる始末です。

学校運営上、校長・教頭が、この段階から仕事を始めるとなると、実現までには相当な時間がかかります。

これからの学校が社会の変化に主体的に対応し、児童生徒の健全な発達とたくましく生きる力を育てるためには、校長・教頭の学校管理職が、確かな識見に基づいて強いリーダーシップをとれる体制を整えることが必要です。

そのため、教育行政的には、校長・教頭が強いリーダーシップをとれるような制度上の改善と教育委員会の強力な支援が求められます。

そして、学校内の教育推進については、学校リーダーの強いリーダーシップとともに、学校運営の中核となる学校ミドルリーダーの役割に、多くの期待がかかるのです。

あとがき

本書の第3章では、「三十五歳の危機」の話を取り上げました。

この年齢の前後で、教師生活の大きな転機がやってくるのですが、同時に、それは自分の人生にとって何が幸福なのかを考えさせられるときでもあります。

その際、多くの金銭的財産を手に入れることを幸福だと考えるならば、その後の教師生活は、効率の悪い面倒な仕事になってしまうでしょう。また、人や組織に束縛されず自由気ままに発言や行動ができることを幸福だと考えるならば、学校教師の仕事は窮屈でつまらないものになってしまうことでしょう。

今日の社会では「ボランティア」ということが強調されますが、私たちは、ボランティア活動に参加している人たちの表情が、生き生きと輝いていることに気づきます。お話を聞きますと、「人に喜んでもらえることが嬉しい」とおっしゃいます。

考えてみますと、人生における究極の幸福は、人に喜んでもらって、それを嬉しいと感じられることでないかと思うのです。この意味からすれば、私たちがたずさわっている「教育」という仕事は、人や社会に奉仕する仕事でもあり、人に喜んでもらうこともできる最高の仕事です。

教師生活の中盤にさしかかって転機が訪れる三十五歳前後に、いま一度、教師という仕事の面白さと人を育てることの奥深さを考えてみたいのです。

四十年間にわたる長い教師生活は、おおむね、次のような発達段階をたどります。教科経営と学級経営を学ぶ二十代、学年運営の視野をもつ三十代、学校運営の立場で教育を考える四十代、地域社会や市町村教育行政の視点で教育を見つめる五十代です。いくつになっても、その学習課題が絶えることはありません。

現在の日本の学校教育において、最も欠けていると思われるのが、三十代と四十代の教師が学校で果たす役割です。それが、本書で取り上げる「学校ミドルリーダー」の役割です。

生徒指導が困難であった中学校の現場経験から言えば、校長・教頭を中心に学校ミドルリーダーが手をつないで教育推進にあたっている学校は、生徒が落ち着き、充実した学習や生活が展開されています。

これに対して、各教員が自分の思うがままに発言し行動している学校は、遠からず生徒の荒れを招いています。

三十代と四十代の教師は、もちろん「教育者」であり続けなくてはなりませんが、それ以降は、サイエンティストでありマネージャーでもある必要があります。サイエンティストとは、教育を教育科学としてとらえる人、マネージャーとは、教育の専門知識と技能をもった上で組織を管理、運営する人にほかなりません。

三十代と四十代の教師は、教育のサイエンティストであり学校教育のマネージャーとして、改めて学ぶ段階に入っているのです。

とりわけ、学校教育のマネージャーとして修養している期間には、児童生徒ばかりでなく、教師を見る目が求められます。人は、それぞれに個性があるのであり、リーダーは、その個性を組織の中で生かす器量が求められるのです。

人は、何かをすることによって、その人となりがわかることがありますが、何かをしないことによっても、その人となりがわかることがあります。すべてのことは、動なるものと静なるものの組合せによって成り立っているのです。

学校リーダーとミドルリーダーは、それらを見分ける確かな目を養う必要があります。

本書は、筆者の学校現場での教員経験と管理職経験をもとにして、教育改革時代の学校運営のあり方について提言を試みたものです。

「特色ある学校づくり」を実現するとき、学校リーダーとミドルリーダーは、教育内容や教育方法の検討だけでなく、学校が組織立って動くための管理、運営の知恵を身につける必要があります。

本書に記しました内容が、明日の学校リーダーやミドルリーダーを育てることに少しでも貢献するならば、これに勝る喜びはありません。

最後になりましたが、本書の企画、編集から刊行に至るまで、ご専門の立場からの的確なご助言と心温まるご支援を下さった図書文化社の中川輝雄氏とていねいな校正作業でお世話いただいた大木修平氏に、心から感謝申し上げます。

二〇〇一年六月

長瀬荘一

先生シリーズ25

学校ミドルリーダー　その役割と心得

平成十三年六月五日　初版第一刷発行

著者　長《なが》瀬《せ》荘《そう》一《いち》

発行者　清水庄八

発行所　株式会社　**図書文化社**

〒112-0012　東京都文京区大塚一の四の五

電話　〇三―三九四三―二五一一（代）

FAX　〇三―三九四三―二五一九

http://www.toshobunka.co.jp/

印刷所　㈱厚徳社

製本所　㈱駒崎製本所

ISBN4-8100-1347-2